Cordula Kahl & Jan Rathje

Digital unterwegs in der Kita?

Wir sind dabei!

Hintergrundwissen und Projektideen

Verlag an der Ruhr

Impressum

Titel
Digital unterwegs in der Kita? – Wir sind dabei!
Hintergrundwissen und Projektideen

Autorin und Autor
Cordula Kahl und Jan Rathje

Umschlagmotiv
Foto: © Ilike – Shutterstock.com, *Icons/Buttons/Sprechblase:* © Digital Assets – Shutterstock.com

Illustrationen
© Jan Rathje

Lektorat
Katia Simon

Druck
AZ Druck und Datentechnik GmbH, Kempten, DE

Verlag an der Ruhr
Mülheim an der Ruhr
www.verlagruhr.de

Geeignet für Kinder von 3–6 Jahren

In diesem Buch werden digitale Tools von Drittanbietern erwähnt und bezüglich ihrer didaktischen Eignung für die pädagogische Arbeit in der Kita empfohlen. Die aufgeführten Drittinhalte entziehen sich dem Einfluss von Verlag und Autoren. Diese sind nicht verantwortlich für die Richtigkeit und Rechtmäßigkeit der dort bereitgestellten Drittinhalte. Etwaige Links dienen ausschließlich der Zugangserleichterung und Zusammenfassung zu den Drittangeboten – der Verlag macht sich die Drittinhalte nicht zu eigen.

Zum Zeitpunkt der Drucklegung wurden die entsprechenden Tools der Drittanbieter auf ihre didaktische Eignung geprüft sowie auf offensichtlich rechtswidrige Drittinhalte. Eine fortlaufende Prüfung der Drittinhalte auf ihre Rechtmäßigkeit und Aktualität ist dem Verlag nicht möglich.

Die Prüfung der jeweiligen Nutzungsbedingungen und Vorgaben solcher Drittinhalte sowie die Zulässigkeit einer Verwendung im Unterricht bzw. Kita-Angebot obliegt der jeweiligen pädagogischen Fachkraft bzw. der Einrichtung.

ISBN 978-3-8346-4398-8

Inhaltsverzeichnis

Vorwort

Das Buch richtet sich an alle, die aktiv in der Bildungsarbeit mit Kindern im Kita-Alter tätig sind – an pädagogische Fachkräfte, Erzieherinnen und Erzieher, Leiterinnen und Leiter von Kindertageseinrichtungen, Menschen in der Kindertagespflege, Sozialassistent*innen* sowie Menschen in Ausbildungsberufen aus dem sozialen und pädagogischen Bereich.

Was wir mit diesem Buch wollen

Mit diesem Buch wollen wir Sie, liebe Erzieherinnen und Erzieher, liebe Kita-Leitungen, und alle in die Arbeit mit Kindern involvierten Personen in Kindertageseinrichtungen einladen, sich **mit dem Thema „Digitale Medien und Kinder" kreativ und angstfrei auseinanderzusetzen.** Wir wollen uns gemeinsam mit Ihnen auf den Weg machen und die kreativen Potenziale erkunden, die Tablets, Apps und Co. in der Arbeit mit Kindern bieten.

Wir geben Ihnen **Handwerkszeug für die Durchführung eigener kreativer digitaler Projekte** mit auf den Weg. Wir wollen damit zugleich anregen, die **Diskussion über die Mediennutzung durch Kinder in der Familie** konstruktiv zu führen und den Eltern ihre Verantwortung bei der Medienerziehung zu Hause bewusst zu machen. Denn ohne die **Einbeziehung von Eltern,** die den gesellschaftlichen Rahmen für die Mediennutzung von Kindern von Beginn an, ob bewusst oder unbewusst, entscheidend beeinflussen und mitbestimmen, ist medienpädagogisches Arbeiten auch für Kindertagesstätten nur schwer umzusetzen. Zugleich wollen wir zur kritischen und vorbehaltlosen Auseinandersetzung innerhalb der Teams der pädagogischen Fachkräfte in den Einrichtungen anregen:
Wie wollen, sollen, können oder müssen wir digitale Medien in der pädagogischen Arbeit in unserer Einrichtung einsetzen?
Welche besonderen Kompetenzen bringen einzelne Fachkräfte mit? Welche Vorbehalte gibt es im Team und wie können wir diese Vorbehalte in den kritischen Diskurs einbeziehen? Wie können wir also **alle pädagogischen Fachkräfte mitnehmen,** auf dem Weg zu einer konstruktiven, kreativen und kritischen Arbeit mit digitalen Medien? Einer medienpädagogischen Arbeit, die sich an den Lebenswelten von Kindern, den individuellen und gesellschaftlichen Prozessen der Gestaltung des Subjektseins und Subjektwerdens von Kindern orientiert und die gleichermaßen die **Potenziale und Risiken digitaler Medien** in der konkreten Arbeit der Einrichtung mit Kindern immer mitdenkt?

Wir wollen Ihnen Mut machen, sich den Herausforderungen, die durch eine zunehmende Digitalisierung von Kinderzimmern entstehen, zu stellen. Und wir möchten vor allem mit diesem Buch **dazu beitragen, dass Kinder in ihrer Medienkompetenz gestärkt werden.** Dass sie sich darüber bewusst werden, wie faszinierend digitale Medieninhalte sein können und wie sie uns täglich in ihren Bann ziehen, sodass wir sie manchmal gar nicht loslassen wollen, die Tablets, Smartphones und Co. Dazu möchten wir Ihnen, liebe Leserinnen und Leser, **Beispiele geben, wie die Faszinationskraft von Medien in kokreative Prozesse transformiert werden kann,** wie wir Kindern vermitteln können, dass hinter jedem Medienangebot eine Absicht steckt, dass Bilder, Töne und Filme ganz bewusst so hergestellt werden, dass wir sie immer wieder sehen und hören wollen. Und wir möchten **Mut**

* Der Verlag an der Ruhr legt großen Wert auf eine geschlechtergerechte und inklusive Sprache. Daher nutzen wir das Gendersternchen, um sowohl männliche und weibliche als auch nichtbinäre Geschlechtsidentitäten einzuschließen. Alternativ verwenden wir neutrale Formulierungen.

machen, sich kritisch mit Medieninhalten zu beschäftigen, ohne dabei die Lust zu verlieren, sich dem emotionalen Medienerleben ganz bewusst **auszusetzen**.

Wer wir sind

Wir sind seit fast zwei Jahrzehnten in der medienpädagogischen Arbeit mit Kindern, Jugendlichen und Erwachsenen tätig. In unserer Arbeit stehen dabei die Menschen, die Medien auf ganz unterschiedliche und vielfältige Weise nutzen, im Vordergrund.

Die Technologien ändern sich und entwickeln sich immer schneller weiter. Konstant bleibt für uns aber gerade der Blick darauf: **Was machen Menschen mit den Medien? Welchen Einfluss haben sich verändernde Technologien** auf die Art und Weise, wie Menschen miteinander kommunizieren, wie sie sich informieren, welchen Einfluss sich verändernde Mediennutzungsgewohnheiten auf mediale Wertevermittlung haben und wie letztlich Medien in ihren vielfältigen Facetten unsere Identität beeinflussen? **Wir entwickeln Konzepte für die medienpädagogische Bildungsarbeit und führen Projekte mit unterschiedlichen Zielgruppen von der Kita bis zur Seniorenbildung durch.**

Kinder ernst nehmen und stärken

Kinder nehmen heute bereits im frühen Alter digitale Medien, wie Smartphones oder Tablets, als etwas Selbstverständliches in ihrer engsten Umgebung wahr. Das **Smartphone ist ständiger Begleiter von Erwachsenen,** d. h. auch von Eltern mit kleinen Kindern, die in die digitalisierte Welt

hineingeboren werden und darin aufwachsen. **Digitale Geräte gehören in Familien zum Alltag,** für die **Familienorganisation,** für die **Familienkommunikation,** für die schnelle **Beschaffung von Informationen.** Und natürlich bieten digitale Medien **fast unbegrenzt Unterhaltsames,** Lustiges und Neues und eben auch **Lernenswertes** auf den unterschiedlichsten Kanälen und Plattformen, unabhängig von Uhrzeiten und Orten, immer und überall verfügbar und für Menschen jedes Alters. Langeweile war gestern, heute haben wir Streaming und kleine unterhaltsame Handyspiele, mit denen wir uns jeden Moment ohne Input, Arbeit oder Beschäftigung ablenken und unterhalten lassen können.

Dieses Buch möchte Ihnen Lust machen, sich mit dieser digitalen Wirklichkeitsseite des Aufwachsens von Kindern zu beschäftigen und damit **Kinder in ihrem Medienhandeln ernst** zu **nehmen** und **digitale Medien auch als Erfahrungsraum für Kinder** zu **begreifen.** Dazu geben wir Hintergrundinformationen an die Hand, die das Medienhandeln von Kindern beleuchten. Wir beschäftigen uns mit der **Faszinationskraft und** den **Wirkungsweisen von Medieninhalten für Kinder im Kita-Alter.** Wir erklären, wie medienpädagogisches Arbeiten in den Kita-Alltag integriert werden kann, was sich eigentlich hinter den Begriffen „Medienkompetenz" sowie „Medienbildung" verbirgt und wie sie mit Leben gefüllt werden können. Zudem geben wir Ihnen **mit erprobten und bewährten Schritt-für-Schritt-Anleitungen** Werkzeug an die Hand, **damit Sie selbstständig medienpädagogisch arbeiten können.**

Kreativer Umgang mit digitalen Medien

Mit diesem Buch möchten wir Ideen und Denkanstöße geben und damit kreative Prozesse auslösen und fördern – auch und gerade im aktiven Handeln mit digitalen Medien. **Medien können großartig Geschichten erzählen und damit Fantasie anregen und Kultur stiften.** Indem wir Kindern mithilfe von Apps und digitalen Geräten ein Werkzeug geben und sie dabei unterstützen, eigene Ideen in selbst erzählte Geschichten zu übersetzen, fördern wir sowohl kreative Prozesse als auch die reflexive Auseinandersetzung mit Wirklichkeiten und deren Grenzen. Von Kindern produzierte und erzählte Geschichten **erklären uns die Welt aus Kinderperspektive.** Durch die Nutzung digitaler Medien lässt sich diese Weltsicht dokumentieren, speichern sowie sicht- und hörbar machen. Zugleich erhalten Kinder, indem sie selbst zu Produzent*innen eigener Wirklichkeitserzählungen werden, eine sichtbare und spürbare wahrhafte Plattform für die **Herstellung von Selbstwirksamkeit und die Anerkennung ihrer individuellen Fähigkeiten.**

Unzählige Tools sind durch die Einfachheit der Bedienung gerade **auch schon für jüngere Kinder geeignet.** Genau das macht es aber auch schwierig, in der unübersichtlichen Fülle von App-Angeboten etwas Passendes oder Sinnvolles auszuwählen. Wir stellen Ihnen in diesem Buch einige Apps vor, die wir in der alltäglichen Arbeit einsetzen, und erklären kurz, wie sie funktionieren.

Warum es wichtig ist, miteinander über Medienerfahrungen zu reden

Dieses Buch möchte zur **Kommunikation über Medien anregen,** über unsere Erfahrungen mit Medieninhalten, über unsere durch Medien vermittelten und gelernten Werte sowie über unsere Blickwinkel auf die Realität. Es geht dabei um das **Verständnis von Menschen füreinander, die in unterschiedlichen Welten groß werden bzw. groß geworden sind.** Eltern, Großeltern, Pädagog*innen und die heutige Kindergeneration wachsen unter sehr verschiedenen technologischen Voraussetzungen und Selbstverständlichkeiten auf.

Das erste Smartphone feierte 2020 den 13. Geburtstag, kommt also gerade ins Teenie-Alter. Die Suchmaschine **„Google" gibt es seit 1997 und nach 24 Jahren ist der Begriff „googeln" ein Synonym für „etwas in einem Lexikon nachschauen"** (gemeint ist hier das Internet als globales Nachschlagewerk für alles). Übrigens existiert die Kinder-Suchmaschine „Blinde Kuh" bereits genauso lange, nur dass immer noch nicht jedes Kind und jede in der Arbeit mit Kindern beschäftigte erwachsene Person sie kennt. Fernsehen ist heute nicht gleich Fernsehen. „Fernsehen" wird gestreamt, mit eigenem Account für jedes Familienmitglied, oder geschieht über die Nutzung von Mediatheken, die ausgewählte Programme unabhängig von Uhrzeiten bereitstellen. Überall verfügbar kann Fernsehen auch die spontane Lust auf Unterhaltung mit Videos bei YouTube sein, wenn gerade neue Clips auf den Lieblingskanälen verfügbar sind.

Das Vorhandensein digitaler Sprachassistent*innen bedeutet für Kinder eine **spannende Entdeckungsreise in die Steuerbarkeit der Welt durch Sprache.** Ausgesprochene Wörter können als Befehl Ereignisse auslösen, wie das Abspielen der Lieblingsmusik. **Die Vernetzung unterschiedlicher Geräte ist für Kinder heute Alltagserfahrung.**
Das Starten einer „Musik-CD", eines Hörspiels oder auch die Beantwortung einer Frage wird damit allein durch einige laut ausgesprochene Wörter ausgelöst, die an eine Maschine gerichtet werden. **Kommunikation wird zum Zugang zur digitalen Mediennutzung** und fordert kindliche Neugier und Fantasie heraus: „Was passiert, wenn …?"

Diese unterschiedliche Mediensozialisation spielt für die Medienkommunikation und ein gegenseitiges Verständnis nicht nur zwischen den Generationen eine entscheidende Rolle. Wir regen an, diese Kommunikation immer wieder zu initiieren und zu führen, weil sie erklärt, wie die oder der andere denkt, fühlt, welche Visionen und Träume und welches Wirklichkeitsverständnis beim Handeln in der Welt und beim Medienhandeln im Hintergrund relevant sind.

Was wir mit diesem Buch nicht wollen

Der Einsatz digitaler Medien in der Kita soll nicht andere Medien, das Spielen, die Rollenspiele, die Kreativität mit Papier und Stift oder das Lernen in anderen Zusammenhängen ersetzen. **Medieneinsatz ist immer als Ergänzung zu denken,** aber auch nicht als „das Besondere", sondern als „zum Alltag dazugehörig".

Die Kita wird nicht als Ort gedacht, wo Fernsehen jetzt zur täglichen Beschäftigung gehören soll. **Digitale Medien sind mächtige Werkzeuge und keine Spielzeuge,** die der Unterhaltung dienen. Gerade der missbräuchlichen Mediennutzung wollen wir durch die Schaffung eines Bewusstseins für unser eigenes und das Medienhandeln von Kindern präventiv begegnen. Durch den Einsatz von digitalen Medien sollen keine Abhängigkeiten erzeugt werden, sondern **es geht uns immer um den selbstbestimmten und verantwortlichen, kritischen und reflektierten Umgang** damit. Medienpädagogisches Arbeiten bedeutet Lernen und emotionale Abenteuer erlebbar zu machen, und nicht Gesundheitsgefährdung.

Warum wir dieses Buch schreiben und was wir uns dafür wünschen

Wir wünschen uns, dass Ihnen dieses Buch ermöglicht, die **Herausforderungen der sich ständig verändernden Lebensumstände des Aufwachsens in einer digitalen Welt** zu meistern. Dass Sie Lust auf neue Erfahrungen bekommen und diesen mit Neugier und Kreativität begegnen.

Vielleicht bringen digitale Projekte und Medienbildung ganz Unerwartetes, geben Anstöße, das eigene Verhalten und die eigene Weltsicht zu hinterfragen und Denken zu einem Erlebnis werden zu lassen. Möglicherweise können Projekte dazu beitragen, unterschiedliche Generationen einander näherzubringen. Das sollte idealerweise geschehen, ohne die Abstände zu verwischen und ohne die jeweiligen biografischen Erfahrungen infrage zu stellen, sondern sich gegenseitig in der jeweils eigenen Wahrnehmung und Perspektive auf reale und mediale Wirklichkeiten ernst zu nehmen. Unser Ziel ist, dass Medienbildung stärker in die alltägliche Bildungsarbeit integriert wird. **Kinder wollen ernst genommen werden in ihrem Medienhandeln.** Unsere Aufgabe ist es, sie dabei zu unterstützen, sich selbstbewusst und selbstbestimmt in Medienwelten zu bewegen ebenso wie in der realen Welt. Prävention heißt dann, **Kinder stark** zu **machen,** besser durch den englischen Begriff ausgedrückt: sie zu empowern. Das bedeutet, ihrer Lebenswelt ohne Angst mit Neugier, Lust und Respekt zu begegnen und die Persönlichkeitsentwicklung selbstbewusst und selbstkritisch mit Erfahrungen aus der Umwelt (Familie, Freundinnen und Freunde, Bildungsinstitutionen, Medien und Freizeit)[1] zu gestalten.

[1] Die für die Persönlichkeitsentwicklung maßgeblichen Instanzen, Organisationen und Systeme: primäre Sozialisationsinstanzen – Familie, Verwandtschaft, Freundschaften; sekundäre Sozialisationsinstanzen – Kindergarten, Schule, Bildungseinrichtungen; tertiäre Sozialisationsinstanzen – Freizeitorganisation, Medien, Gleichaltrige. Vgl. Hurrelmann, Klaus (2002): Einführung in die Sozialisationstheorie. Weinheim, S. 34.

Exkurs

Besonderheiten der Mediennutzung in Zeiten von Corona

Laut der DAK-Studie[2] „Gaming, Social Media und Corona" vom Juli 2020 ist Gaming während des ersten Corona-Lockdowns im Frühjahr 2020 bei Kindern und Jugendlichen um 75 Prozent gestiegen und die Social-Media-Nutzung um 66 Prozent. Gleichzeitig stieg laut einer weiteren DAK-Studie[3] die Zahl der Erwerbstätigen, die Digitalisierung und die Arbeit im Homeoffice als Entlastung empfanden, um 39 Prozent. Das Stresserleben nahm um 29 Prozent ab.

Die Corona-Pandemie hat sichtbar gemacht, wie wichtig und notwendig digitale Infrastrukturen und Technologien für das Funktionieren einer Gesellschaft sind. Gerade für Kinder und Jugendliche sind die Kommunikationsfunktionen der sozialen Medien und des Online-Gamings **entscheidend für die Aufrechterhaltung ihrer sozialen Beziehungen,** wenn Schulen geschlossen sind und alternative reale Treffpunkte nicht mehr aufgesucht werden können bzw. gar nicht mehr vorhanden sind. Menschen sind soziale Wesen und angewiesen auf Kommunikation, Austausch und gemeinsame Erlebnisse. Insofern erzählen die gestiegenen Zahlen der Nutzung von Gaming und Social Media auch viel darüber, dass und wie Kinder und Jugendliche vernetzt und angewiesen auf den Austausch miteinander sind. Digitale Technologien ermöglichen die **Fortsetzung von Kommunikation, das soziale Miteinander, gemeinsame Erlebnisse und Abenteuer auch in der Distanz.**

Auf der anderen Seite hat die Corona-Pandemie auch sichtbar gemacht, welche Defizite entstehen, wenn Bildungsinstitutionen nicht gut vernetzt sind, wenn Lehrer*innen ihre Schüler*innen nicht mehr erreichen können, weil die technische Ausstattung, die Kompetenzen oder die schnellen und kreativen Lösungen fehlen. Gerade **institutionelle Defizite vergrößern den Abstand zwischen Bildungsmilieus** und schließen schon benachteiligte Kinder und Jugendliche noch stärker vom Zugang zu Bildung aus. Zugleich wurde aber auch in dieser für alle unerwarteten Situation der Kita- und Schulschließungen sichtbar, **welche Potenziale die digitalen Technologien bieten,** um Lernprozesse ganz neu und/oder anders zu gestalten. Der Austausch und die Solidarität unter pädagogischen Fachkräften wurden genauso in sozialen Medien, in YouTube-Kanälen sichtbar wie die Energien und Kreativität, mit der Materialien oder Kontaktrituale entwickelt wurden, um Kinder und Jugendliche zu erreichen, sie zu motivieren, Ansprechperson für Austausch und Gespräch zu sein und Lernprozesse anzustoßen.

Nicht nur in Zeiten der Corona-Pandemie ist **Medienbildung wichtig für alle Mitglieder unserer Gesellschaft.** Vom Umgang mit Privatsphäre und Datenschutz, über Medienabhängigkeit und die Bewertung von Informationen in (sozialen) Medien, den Umgang mit Verschwörungserzählungen und Fake News, die Nutzung unterschiedlicher Kommunikationskanäle ist es entscheidend, dass wir von Anfang an lernen, **digitale Medien mit ihren Möglichkeiten, aber auch mit ihren Risiken** zu nutzen. Corona hat das Potenzial, die digitale Medienbildung zu einer Selbstverständlichkeit in allen Bildungsinstitutionen werden zu lassen. Stellen wir uns dieser Herausforderung und begreifen **Medien als unverzichtbaren Teil unserer Gesellschaft** und damit als selbstverständlichen Teil der Lebenswelt des Aufwachsens von Kindern und Jugendlichen!

[2] Vgl. DAK Forschung (2020): DAK-Studie: Gaming, Social-Media & Corona https://www.dak.de/dak/gesundheit/dak-studie-gaming-social-media-und-corona-2295548.htVml#/ (abgerufen am: 14.02.2021)
[3] Vgl. DAK (2020): Digitalisierung und Homeoffice entlasten Arbeitnehmer in der Corona-Krise. https://www.dak.de/dak/bundesthemen/sonderanalyse-2295276.html#/ (abgerufen am: 14.02.2021)

Zum Umgang mit diesem Buch

Wir wünschen uns natürlich, dass Sie dieses Buch von Anfang bis zum Ende lesen und es **für Ihre Arbeit nutzen und positive Erfahrungen machen.** Sie können aber auch ganz gezielt direkt in den Praxisteil (ab S. 37) einsteigen und gleich mit der medienpädagogischen, praktischen Arbeit mit den Kindern beginnen. Oder Sie nutzen **die einzelnen Kapitel unabhängig voneinander** nach Ihren eigenen Bedürfnissen. Wir haben zu den drei Praxiskapiteln (Audio, Foto/Video und Filmtricks/Trickfilm) jeweils eine Einführung geschrieben, die als **Hintergrundinformation für medienpädagogisches Arbeiten** wichtig ist. Hier finden Sie auch Ideen für den Einstieg in ein konkretes Projekt. Außerdem haben wir, bezogen auf den jeweiligen Medieneinsatz, besonders zu beachtende Regeln benannt. Hier finden Sie auch **Tipps für den Umgang und den Einsatz der Technik.** Wenn Sie also beispielsweise ein Fotoprojekt durchführen wollen, ist es sinnvoll, wenn Sie zunächst die Einführung zu den Praxisbeispielen Foto und Video lesen.

In den ersten drei Kapiteln finden Sie jedoch **wichtige Hintergrundinformationen,** die Ihnen helfen, die eigene medienpädagogische Praxis in den Kontext von Medienwirkung und Medienwahrnehmung von Kindern („Die magische Welt", siehe S. 12), Mediensozialisation, Medienkompetenz und Medienbildung („Produzieren statt konsumieren", siehe S. 19) und Elternarbeit („Eltern als Vorbilder", siehe S. 28) einzubinden.

Im letztgenannten Kapitel finden Sie **Informationen für Elterngespräche** zur **Reflexion der eigenen Mediennutzung** und Anregungen für die **Einbindung von Eltern** in Ihre medienpädagogische Arbeit. Den Anhang (ab S. 94) haben wir mit Informationen zu Apps aus unserer Praxis gefüllt. Außerdem finden Sie dort **Kopiervorlagen,** eine **Auswahl an Links,** die für Ihre Arbeit hilfreich sein können, sowie eine kleine Auswahl an **Literatur zur Medienpädagogik.**

Theorieteil:

Kinder und Medien

Die magische Welt – *oder:* Wie Kinder Medieninhalte verarbeiten

Die magische Welt

Neugeborene Kinder wissen wenig von der Welt. Erst mit der Zeit lernen diese neuen Menschen, welche Regeln und Einschränkungen es gibt. In diesem Prozess müssen diese **Rahmenbedingungen immer wieder getestet und erprobt** werden. *Wie reagieren die Eltern, wenn ich Gegenstände fallen lasse oder wenn ich schreie? Kann ich mir sicher sein, dass dies immer so ist?*

Nach einiger Zeit erlangen sie so einen gewissen Erfahrungsschatz. Mit zwei bis drei Jahren können Kinder abschätzen, was passiert, wenn sie beispielsweise ein Wasserglas umschütten oder die Katze am Schwanz ziehen. **Auf der anderen Seite gibt es noch viele Dinge, von denen die Kinder nichts wissen.** Ihnen ist noch nicht klar, dass es einen Unterschied zwischen den eigenen Vorstellungen und der Realität gibt.

Im Alter von zwei bis fünf Jahren durchlaufen Kinder eine Zeit, die „magische Phase“ genannt wird. Die Regeln, nach denen die Welt funktioniert, wie beispielsweise Naturgesetze oder andere voneinander abhängige Phänomene können sie nur teilweise oder gar nicht verstehen. Ursache und Wirkung können sie noch nicht einschätzen. Trotzdem **muss ihr Gehirn Theorien entwickeln,** damit sich die Kinder zurechtfinden und verorten können.

„Das große Aua“

Mit ungefähr vier Jahren entwickeln Kinder ein Ich-Gefühl. Sie werden sich ihres Körpers bewusst und mutmaßen, was passieren könnte, wenn dieser verletzt wird. *Könnte es sein, dass ich sterbe, wenn ich blute?* Kinder werden oft vorsichtiger und gehen weniger Risiken im Spiel ein. Unverhältnismäßiges Weinen und Schreien bei kleinsten Schrammen werden nicht durch den Schmerz, den diese verursachen, hervorgerufen, sondern von der Angst, dass dadurch irreparable Schäden entstehen.

Hier ist es zum einen wichtig, Ruhe zu bewahren und die Sorgen der Kinder ernst zu nehmen. Selbst wenn die Verletzung nicht sichtbar ist, können Pflaster und Heilungsrituale („Heile, heile, Segen“) sehr beruhigen. Zum anderen sollten Erwachsene aber durch das eigene Verhalten signalisieren, dass die Situation nicht wirklich bedrohlich ist. *Wenn die Erwachsenen ruhig bleiben, scheint die Verletzung ja doch nicht so schlimm zu sein …*

Wie sie auf solche Situationen reagieren können, verstehen viele Erwachsene. Andere **kindliche Vorstellungen können einige Menschen überfordern.**

Monster und unsichtbare Freundinnen und Freunde

Nicht nur die äußere Welt mit ihren Phänomenen, auch die innere ist den Kindern zunächst einmal ein Mysterium. Unbestimmte Angstgefühle lassen sich schwer ertragen und in Worte fassen. Aus diesem Grund erfinden sie oft **Figuren als Stellvertretende für diese Ängste:** Es ist beruhigender Angst vor dem Krokodil zu haben, das sich im Schrank versteckt, als vor etwas Unbekanntem. Die Furcht wird dadurch greif- und zu einem gewissen Maß auch beherrschbar. Ängste, aber auch andere Gefühle und Bedürfnisse bekommen so ein Gesicht.

Meist haben Ängste jedoch ganz andere Auslöser, die Kinder in diesem Alter noch nicht gut benennen können. Sie spüren die Angst und suchen eine Erklärung dafür. Ganz klar: Wenn sie Angst haben, muss es einen Grund dafür geben und dieser kann dann beispielsweise ein bösartiges Wesen sein, das bei Dunkelheit erscheint.

Diese Figuren können sogar im Traum erscheinen und dadurch noch realer wirken. **Nachts verarbeiten wir Menschen die Erlebnisse und Gedanken des Tages** und das Unterbewusstsein findet Bilder für das Erlebte. Es gibt zwar verschiedene Traumdeutungsbücher, aber tatsächlich ist unser Geist viel zu komplex, als dass man die entstandenen Bilder so grob vereinfachen könnte.

Die Angst im Dunkeln

„In einem Loch gegenüber von meinem Bett wohnte eine Hexe, die mich nachts beobachtete. Sie hatte ein langes, spitzes Kinn, war grüngelb und trug einen Hexenhut. Tagsüber lebte sie in der Wand und nur wenn es dunkel war, öffnete sich ein Loch, aus dem sie herausschaute.“ (Tara)

Ein Kind, das Angst vor der Dunkelheit hat, wird sich möglicherweise **ein Monster** vorstellen, **das in der Nacht erscheint.** Die Erklärung, dass die Unsicherheit nur entsteht, weil Dinge nicht mehr so gut erkannt werden, wenn sie nicht ausgeleuchtet sind, wird dem Kind zunächst nicht verständlich sein.

Seit Tausenden von Jahren mussten Menschen nachts vorsichtig und aufmerksam sein. Dieses Programm im menschlichen Gehirn war sinnvoll, da es vor langer Zeit ja tatsächlich viele Gefahren gab, wenn die Menschen draußen schliefen. **Unser Bewusstsein hat sich allerdings noch nicht darauf eingestellt, dass wir nun in festen Häusern ohne konkrete Bedrohung leben.** Durch Erfahrung können wir lernen, unsere Instinkte unter Kontrolle zu bekommen.

Die belebten und die unbelebten Dinge

Es müssen noch nicht einmal existenzielle Bedrohungen sein, die die Fantasie anregen. Die Erfahrungen, die Kinder gesammelt haben, übertragen sie auf andere Phänomene: Menschen weinen, wenn sie traurig sind. Wasser fließt dabei aus ihren Augen. Wenn Wasser aus den Wolken tropft, weinen diese also. Warum sollten Objekte keine Gefühle haben und nicht selbstständig agieren können? *Wenn ich mein Lieblingskuscheltier nicht finde, muss es sich ja wohl versteckt haben.* Hier spricht man von einer **„magischen Logik".**

Nicht immer müssen die vorgestellten Wesen also bedrohlich sein. Ein **imaginärer Freund oder eine imaginäre Freundin** kann Kindern durchaus zur Seite stehen. Dies kann das eben erwähnte Kuscheltier sein, dem Kinder ihre Gedanken anvertrauen, oder ein unsichtbarer Hase, der nur für das jeweilige Kind sichtbar ist. Die Figur steht dabei manchmal für ein **bestimmtes Bedürfnis,** das in der realen Welt gerade nicht befriedigt werden kann. Manchmal ist es auch nur ein **innerer Dialog,** der dadurch nach außen getragen wird.

„Alles dreht sich um mich"

Dass Kinder alles auf sich beziehen, hat ebenfalls eine evolutionäre Begründung. Es ist die Versicherung, dass Kinder im übertragenen und früher ganz konkreten Sinn für ihr Überleben sorgen. Sie stehen im **Mittelpunkt des eigenen Universums.** Dass andere Menschen genau die gleichen Bedürfnisse haben wie sie selbst, verstehen sie zunächst nicht und müssen es erst lernen. Selbst im Erwachsenenalter ist dieser Gedanke vielen Menschen fremd.

Die meisten Geschehnisse haben jedoch nichts mit den Kindern selbst zu tun oder sie beeinflussen diese nur zu einem geringen Teil. Wenn sich beispielsweise die Eltern trennen, ist es für Kinder ganz logisch, dass sie der Auslöser dafür sein müssen. Zu erklären, wie Beziehungen funktionieren und dass es die verändernden Gefühle der Eltern sind, die zu einer Trennung geführt haben, verstehen sie meist nicht.

Das bedeutet jedoch nicht, dass Erwachsene keine Probleme mit den Kindern thematisieren sollten. Sie dürfen nur **nicht erwarten, dass die Sicht der Erwachsenen von Kindern auf allen Ebenen verstanden wird.** „Du brauchst doch vor Gespenstern keine Angst zu haben", stimmt eben nur aus Erwachsenensicht.

„Hilfe, mein Kind spinnt!"

Viele Eltern haben die Befürchtung, dass ihre Kinder eine zu starke Fantasie haben, in ihrer eigenen Welt bleiben und dadurch Probleme bekommen. Diese Sorge ist tatsächlich unbegründet. **Die magischen Welten sind ein Indiz dafür, dass sich das Gehirn entwickelt.** Die Intensität der erfundenen Welten ist bei jedem Kind unterschiedlich stark ausgeprägt.

Auch wenn das Kind seine Vorstellungen detailliert ausschmückt, heißt es nicht, dass es bewusst lügen möchte. Es spiegelt den momentanen Wissensstand und seine aktuellen Erklärungsmodelle wider.

Wir Erwachsenen sollten nicht glauben, dass es bei uns anders ist. **Wir haben auch nur grobe Vorstellungen davon, wie die Welt funktioniert.** Fantastische Erklärungsmodelle für physikalische Erscheinungen waren jahrhundertelang die allgemeingültige Realität. Es ist heutzutage beruhigend, dass wir Bücher oder das Internet zu Hilfe nehmen können, um auf das Wissen oder die Erfahrung anderer zurückzugreifen. Wir selbst scheitern allein meist schon an einfachen Fragestellungen. Das wird uns oft erst bewusst, wenn wir von Kindern dazu befragt werden. *Warum brennt eine Kerze? Warum donnert es?* Diese Fragen können uns selbst dazu ermutigen, unseren Horizont zu erweitern. **Einige Funktionen der Welt sind selbst für**

die Wissenschaft schwer zu erklären. Es ist gar nicht so lange her, dass man herausgefunden hat, dass es eigentlich keine feste Masse gibt und dass Atome und die kleineren Elemente, aus denen diese zusammengesetzt sind, nichts als verschiedene Energien sind. Was die Menschheit an **Wissen** besitzt, ist **immer nur die aktuelle Momentaufnahme.** Es erweitert sich kontinuierlich. Gerade die Vorgänge des eigenen Geistes sind nur unzureichend erforscht. In gewisser Weise leben wir also auch noch in einer magischen Welt und unsere Erkenntnisse werden kontinuierlich erweitert.

Wie reagieren wir?

Wichtig ist es, dass es für die Kinder eine Atmosphäre gibt, in der sie ihre **Ängste und Fantasien benennen dürfen,** sowie Erwachsene, die ihre Vorstellungen ernst nehmen, ohne sie darin zu bestärken. Tun sie dies nicht, fühlt sich das Kind nicht ernst genommen und teilt diese irgendwann nicht mehr mit. Und ohne den Dialog kann das Kind seine Erklärungsmodelle schwer verändern und neue entwickeln.

Zu intensives Nachbohren, besonders auf einer Ebene, die das Kind wieder nicht verstehen kann, ist einem offenen Gespräch allerdings nicht förderlich. Das Kind entscheidet sich ja nicht bewusst dafür, beispielsweise Angst vor Wölfen zu haben. Es mag der Ausdruck eines Konfliktes sein, wenn sich beispielsweise die Eltern gestritten haben. Die Bedrohung einer ungewissen Zukunft kann sich dann in einem imaginären Wolf zeigen. Möglicherweise ist es jedoch ein Bild für einen ganz anderen Prozess. Aus diesem Grund ist Zurückhaltung bei Mutmaßungen im Gespräch sinnvoller.

Zu **akzeptieren, dass für das Kind eine andere Realität existiert,** ist also die erste Voraussetzung, um mit ihm daran zu arbeiten. Und dies nicht nur, wenn diese bedrohlich ist. Positive Tagträume können wir natürlich auch als Gesprächsanlass nehmen. Es besteht jedoch auf beiden Seiten oft nicht das Bedürfnis, diese zu thematisieren. Es sei denn, sie werden so dominant, dass sie den Alltag behindern. Bei dominanten, verstörenden Fantasien, die über einen längeren Zeitraum auftreten, sollten wir professionelle Hilfe suchen, da diese ja auch für eine mögliche Kindswohlgefährdung stehen könnten.

Oft empfinden Kinder auch **Mitgefühl für ihre erfundenen Charaktere,** z. B. wenn ein Bein von einem Stuhl abbricht, könnte er sich ja vielleicht das Bein gebrochen haben. Kinder spüren in das andere Wesen hinein, selbst wenn dieses nicht existiert, und fühlen mit. Das ist ein wichtiger Entwicklungsschritt, um die Bedürfnisse anderer zu erkennen und zu deuten.

Die Bändigung der inneren Monster

Bei „normalen" Gruselgestalten können wir im Dialog mit dem Kind Lösungen erarbeiten. Durch gezieltes Nachfragen können auch Kinder selbst Bilder finden, die sie unterstützen. **Die Fantasie, die die Wesen erschafft, kann sie auch verschwinden lassen** oder zumindest unter Kontrolle halten.

„Bei mir haben unter dem Bett Wölfe gewohnt. Die sind erst verschwunden, als ich mit meinem Papa ein Schild gezeichnet habe, auf dem stand, dass hier Wölfe verboten sind." (Finn)

Vielleicht ist es nur ein Nachtlicht, das die Wesen vertreibt, vielleicht müssen wir aber auch ganz intensiv in allen Ecken nachsehen. „Dort soll sich das Monster verstecken? Komm, wir schauen nach."

Rituale oder magische Gegenstände können die Wesen in Schach halten. Damit tauchen wir mit in die kindliche Fantasiewelt ein. Die Gegenstände können den Kindern dann tatsächlich helfen, insbesondere wenn sie selbst in die Lösungsfindung integriert sind, z. B. „Welcher Talisman könnte denn die

Hexe vertreiben?". Trotzdem sollten wir einen gewissen Abstand zu den Erscheinungen bewahren, um damit zu signalisieren, dass es auch noch die Ebene der Erwachsenenwelt gibt, in der man sich um diese Wesen keine Sorgen mehr machen muss.

Mit Kreativität die Ängste zähmen

Kreativität kann den Kindern helfen, ein gruseliges Wesen besser kennenzulernen. **Etwas Bekanntes macht weniger Angst.**

- Wird die Figur **gezeichnet,** existiert sie nicht nur allein im Kopf. Sie bekommt eine erfahrbare Form.
- Wenn wir gemeinsam darüber **sprechen,** welche Eigenschaften ein Wesen hat, lernen wir es besser kennen. Fragen über den Monsteralltag können sogar aufheiternd wirken und das Wesen fast menschlich erscheinen lassen: „Putzt sich der Drache denn auch die Zähne?", „Wo geht der Troll denn auf Toilette?"
- Wenn wir gruselige Figuren in **eigene Geschichten** einbinden, können wir diese kontrollieren und eine Hintergrundgeschichte erfinden, die die Motivation der Wesen erklärt: „Der Höllenhund hatte gerade zu Hause ziemlich viel Ärger, weil er alle Süßigkeiten aufgegessen hatte, darum hat er schlechte Laune."
- Im **Rollenspiel** können wir uns in verschiedene Charaktere hineinversetzen. So können Kinder im geschützten Rahmen Erfahrungen sammeln. Verkleidungsutensilien können da unterstützend wirken. Mit einem Bettlaken wird jemand zu einem Geist, mit Schminke zu einem Wolf: „Wie fühlt es sich an, einmal der Böse zu sein? Hat die Figur denn auch gute Eigenschaften?"

Letztendlich ist es **die eigene Angst,** die die Kinder so kennen und beherrschen lernen.

Die Fantasie nutzen

Die **Vorstellungskraft von Kindern ist fantastisch,** um sie bei medialen Projekten zu nutzen. Wenn Kinder ermutigt werden, ihre eigenen Geschichten zu erfinden und darzustellen, unterstützen wir sie in ihrer Entwicklung. Sie erfahren ihre **Selbstwirksamkeit.** Uns Erwachsenen fällt es oft schwer, fantasiereich zu sein. Wir haben verlernt, unsere Stimmung in Bildern und Geschichten auszudrücken. In den meisten Fällen unterstützt unser Schulsystem die Kreativität nur wenig. Wir verlernen, etwas mit der Hand her- und darzustellen und uns selbst Geschichten auszudenken. Zwar erlernen wir Sprachen und logisches Denken, Wissen wird genormt reproduzierbar, doch wird unser Denken damit in bestimmte Bahnen gelenkt. Wir bewegen uns nur noch in festgelegten Strukturen. Gerade in einer **sich schnell verändernden Welt mit neuen Herausforderungen** sind mittlerweile aber andere Fähigkeiten gefragt. Wenn wir vielen Zukunftsforscher*innen glauben, werden viele Jobs durch eine zunehmende Automatisierung verschwinden. **Soziale Kompetenz** und die **Fähigkeit, auf neue Aufgabenstellungen zu reagieren,** wird essenziell für unsere Gesellschaft sein. Zu sogenannten Soft Skills gehören Fantasie und Kreativität.

Gerade diese Eigenschaften lassen sich schon bei jungen Kindern fördern. Die magischen Figuren helfen ihnen nicht nur dabei, Gefühlen einen Ausdruck zu geben, sie können auch genutzt werden, um Entwicklungen zu unterstützen.

Kindergeschichten sind anders als Erwachsenengeschichten

Eindrücke, die ein Kind nicht verarbeiten kann, können zu Ängsten führen. Aus diesem Grund ist es wichtig, dass sie sich nur mit altersgerechten Medien auseinandersetzen. Viele Eltern haben **keine Erinnerung an ihre eigenen Bedürfnisse,** als sie selbst ein Kind waren, und übertragen ihr aktuelles

Empfinden auf das ihrer Kinder. „Wenn mir der Gruselfilm oder das Computerspiel nichts ausmacht, ist es auch für meine Kinder in Ordnung."

Eine verbreitete Meinung ist außerdem, dass Kinder die ganzen medialen Eindrücke nicht verarbeiten könnten und sie aus diesem Grund keine Wirkung auf sie hätten. Zwar können tatsächlich schnelle audiovisuelle Daten nicht so leicht verarbeitet und verstanden werden, allerdings werden diese sehr wohl wahrgenommen und abgespeichert. Sie können **verstören und zu falschen Annahmen über die Welt führen** oder sich in Albträumen äußern.

Bevor wir etwas Verstörendes gesehen haben, wissen wir nicht, wie das Gesehene uns beeinflussen kann. Dummerweise müssen viele Kinder deshalb erst ein schlechtes Erlebnis haben, um die Erfahrung ein zweites Mal zu vermeiden. Eltern sollten ihre Kinder zwar schützen, sind aber nicht in allen Lebenssituationen zugegen. Leider gibt es oft ältere Kinder, die Aufmerksamkeit bekommen wollen. Es befriedigt sie, zu sehen, dass ihr Verhalten eine Reaktion hervorruft. Wenn sich andere Kinder gruseln oder verstört reagieren, haben sie einen Effekt erzielt.

Die besondere Wirkung von audiovisuellen Impulsen

Über die magische Phase hinaus werden Geschichten, gerade solche mit audiovisuellen Impulsen, als real und wahr empfunden. Selbst wenn wir wissen, dass Szenen inszeniert sind, können sie uns auch im Erwachsenenalter beunruhigen. Gerade **Gewalt und Pornografie können traumatisieren,** wenn wir die Eindrücke nicht einordnen können. Ob es sich um die Wirklichkeit oder eine Inszenierung handelt, ist **für Kinder nicht einzuordnen.** Sie glauben oft, das Gesehene sei die normale Realität der Erwachsenen.

Aber auch **Kindergeschichten können zu Ängsten führen.** Nicht immer gibt es einen kausalen Zusammenhang zwischen dem Gesehenen und den Ängsten, die daraus resultieren: *Als ich einmal krank war und Fieber hatte, habe ich die Sesamstraße gesehen. Kermit wirkte an dem Tag ganz seltsam auf mich. Danach hatte ich eine lange Zeit Angst vor ihm.*

Narrative Struktur und Identifikation

Fantasie-Geschichten werden beherrschbar, wenn sie eine feste Struktur besitzen. Sie sind für Kinder oft nur zu ertragen, weil sie wissen, dass es ein **positives Ende** gibt und **das Gute siegt.** Selbst Märchen, die gruselig wirken, haben immer das Versprechen, dass alles am Ende wieder gut wird. Geschichten für Erwachsene durchbrechen oft diese Struktur und verunsichern damit.

Hier spielt auch das Medium eine Rolle. Bei einer vorgelesenen Geschichte wird die Handlung mit Bildern aus dem eigenen Kopf ergänzt. Diese sind dann nur so grausam, wie man sie sich ausmalen kann. Filme und Spiele lassen da wenig Spielraum und Ausweichmöglichkeiten. Agieren die Held*innen in Filmen oder Serien auf einer kindlichen Ebene, können sie Identifikationsfiguren sein. Ihre Erlebnisse werden zu den eigenen. So können sie **Werte vermitteln und die Welt verständlicher machen.**

Zwar sind die Held*innen hier nicht sehr komplex. Trotzdem **lernen Kinder durch die Identifikation** mit ihnen eine Menge: Wenn einem tollpatschigen Charakter nichts passiert, bedeutet das für Kinder, dass auch sie sich sicher fühlen können, selbst wenn sie in der Welt nicht so gut zurechtkommen.

Aus sogenannten Medienheld*innen können auch magische Figuren werden, mit denen Kinder interagieren können. Gesehenes wird im Spiel umgesetzt. Dabei sammeln Kinder Erfahrungen und können daraus lernen.

Geschichtenerzählen und das Erlernen narrativer Strukturen

Kinder lernen durch skriptförmige, immer wiederkehrende Abläufe Strukturen des Zusammenlebens, des Tagesablaufs, des sozialen Miteinanders etc. **Geschichten geben uns Sicherheit,** sie ordnen unsere Realität. Wer sie erzählt, hat eine große (auch politische) Macht. Durch das Erzählen eigener Erfahrungen werden diese logisch und zeitlich in einen sinnvollen Zusammenhang gestellt und damit sortiert. Indem wir es Kindern ermöglichen, **eigene Gefühle und Wahrnehmungen aus medialen Geschichten** zu benennen, werden durch diese ausgelöste Affekte und Emotionen einschätzbar, weniger bedrohlich und als Teil der sozialen Welt regulierbar. Darum ist es wichtig, die Strukturen medialer Geschichten zu verstehen und sich damit auseinanderzusetzen, wie wir durch sie beeinflusst werden. Ein Verständnis dafür zu entwickeln und damit kommunikative Kompetenz zu erwerben, lernen wir am besten, indem wir **selbst Geschichten erzählen.** Den meisten Kindern fällt es leicht, sich etwas auszudenken. (vgl. Praxisbeispiel Hörspiel)

Die Struktur von Geschichten lässt sich grob in einfachen Abläufen zusammenfassen. Viele Kinder sind durch Medien oder Geschichten an diese Struktur gewöhnt und benutzen diese im eigenen Spiel ganz selbstverständlich. Der Psychoanalytiker C. G. Jung und der Literaturwissenschaftler Joseph Campbell erforschten unterschiedliche Erzählungen, Mythen und Märchen und fanden heraus, dass **viele Kulturen sehr ähnliche Strukturen** aufweisen.

Produzieren statt konsumieren – *oder:* Was bedeutet eigentlich medienpädagogisches Arbeiten?

Lebenswelten von Kindern sind Medienwelten

Kinder lieben Medien – und zwar ganz unabhängig von Alter, Geschlecht, Bildungshintergrund, Familienkonstellation, soziokulturellem Hintergrund, räumlichen Strukturen des Aufwachsens, politischen Überzeugungen, Erziehungsstilen etc. Und **Medien gehören heute zum sozialen Umfeld von Kindern,** d. h., sie wachsen selbstverständlich mit einer Vielzahl unterschiedlichster Medienangebote auf. Das betrifft die **Inhalte** und auch die **Präsentationsformen, Geräte und Plattformen.** Fernsehen gibt es nicht mehr nur im Fernseher als Gerät, sondern auch das Tablet oder das Smartphone können zum „Fernsehen" genutzt werden. Dazu gehören dann auch Plattformen wie YouTube, YouTube Kids, Netflix oder die MausApp. Für Bilderbücher gilt ebenfalls die selbstverständliche Verfügbarkeit in unterschiedlichen Formen und auf verschiedenen Plattformen. Das gedruckte Buch erfährt eine digitale Erweiterung und ist längst nicht mehr nur das, was klassischerweise als Bilderbuch gilt. Bilderbuch-Apps sind für alle Plattformen und Systeme der mobilen Geräte (Tablets und Smartphones) erhältlich. Sie sind in der Regel günstiger als die gedruckte Variante der gleichen Geschichte und bieten als Vorlesegeschichte per Sprachausgabe eine Sprachauswahl (z. B. Englisch, Arabisch, Türkisch, Deutsch), was gerade für Kinder aus Familien mit Migrationshintergrund neue Möglichkeiten des Spracherwerbs fördert. Darüber hinaus enthalten sie kleine digitale Spiele, wie Memo-Spiele zur Geschichte, und Animationen, die das Vorlesen und die Interaktion beim gemeinsamen Anschauen auf unterhaltsame Weise unterstützen sollen. Musik, Hörspiele und Hörbücher werden über Streaming-Plattformen genutzt und sind durch die hohe Verbreitung von Sprachassistenzsystemen durch einfache Sprachbefehle abruf- und steuerbar. Auch klassische Brettspiele sind heute als digitale Versionen in Form von Apps verfügbar und die erfolgreichsten digitalen Spiele sind häufig plattformunabhängig nutzbar.

Kinderwelten sind aus kritischer Perspektive kommerzialisierte Konsumwelten. Zugleich sind sie jedoch auch **Teil der zeitgenössischen (medialen) Kultur,** die als Erfahrungsraum entscheidende Bedeutung für die Entwicklung der eigenen Identität erlangt.

Mediatisierung, Globalisierung, Vernetzung

Diese kindlichen mediatisierten Lebenswelten sind **nicht mehr zu trennen in unterschiedliche reale und virtuelle Welten.** Aufwachsen von Kindern geschieht heute immer in einer vielfältig vernetzten Welt. Die „Elsa"-Bettwäsche zählt zur selbstverständlichen Ausstattung des Kinderzimmers ebenso wie die Hausschuhe mit dem Bild von Bob dem Baumeister, die Legofiguren von Minecraft und der Kuscheltierhase von KiKaninchen oder der „Sendung mit der Maus".

Kinder wachsen in einer Welt auf, in der die Inhalte, die Geschichten, die interaktiven Spiele und die Filme zunehmend **gleichzeitig über mehrere analoge und digitale Medienplattformen** verbreitet werden, um möglichst effektiv alle Zielgruppen zu erreichen. Damit wird zugleich die globalisierte Perspektive von Kindermedienangeboten sichtbar. Kindliche Lebenswelten sind heute immer auch in **Globalisierungsprozesse** eingebettet. Die sich aus Medieninhalten entwickelnden oder entstandenen sozialen Praktiken, wie Events von Pokémon GO oder Fortnite-Tänze, sind als weltweites globales Phänomen international zu verstehen. Damit verbinden sie zugleich Spielende auf der ganzen Welt miteinander. Als **Experimentierfeld für die individuelle Identitätsentwicklung** bieten diese Plattformen Möglichkeiten der Ausgestaltung und ein besonderes, mit diesem spezifischen Angebot verbundenes, virtuelles Gemeinschafts- und Zugehörigkeitsgefühl. Pokémon ist dann als kulturelle Praxis etwas, das Menschen „tun“, im Gegensatz zu lesen, hören, anschauen oder einfach konsumieren.

Diese kommerzialisierten Kindermedienkulturen bieten damit, im Gegensatz zu früheren, nicht vernetzten Kinderkulturen, **ein größeres und gänzlich anderes Spektrum an Partizipationsmöglichkeiten,** die allerdings bereits im Angebot selbst eingebaut sind. Das bedeutet, dass wir, indem wir ein solches digitales Angebot nutzen, direkt auf vielfältige Weise miteinander vernetzt sind und unterschiedliche Möglichkeiten der Partizipation und damit der Gestaltung des digitalen Angebots haben. Das kann beispielsweise die individuelle Gestaltung eines Avatars innerhalb eines Spiels sein, mit dem wir anschließend mit anderen Spielenden interagieren. Das kann aber auch die Gestaltung oder sogar die Erschaffung einer eigenen Welt, wie beispielsweise bei Minecraft, sein, die gemeinsam mit anderen bespielt wird oder auch die zeitlich und inhaltlich selbst gesteuerte Bewegung innerhalb eines digitalen Angebots, die nicht nach vorgegebenen Regeln erfolgen muss. Die Schwierigkeit solcher in die Scripts eingebauten, partizipativen Möglichkeiten liegt zugleich darin, dass die **Partizipation zur Pflicht** wird. Nur in der Nutzung von beispielsweise Pokémon GO habe ich auch die Möglichkeit zur Partizipation.

Medien als Erfahrungsräume

Die Nutzung von Medieninhalten bedeutet für Kinder grundsätzlich die **Erschließung neuer Erfahrungsräume.** Medieninhalte befriedigen dabei ganz unterschiedliche Bedürfnisse. Einerseits sind es die Neugier und die Lust an Wissensaneignung sowie der natürliche Wunsch nach Lernen und Verstehen von Zusammenhängen, Hintergründen und Unbekanntem. Jedes Bilderbuch, Hörspiel oder Video kann diese **Lust und Neugier befriedigen.** Gleichzeitig können hier ganz neue Fragen und Schwierigkeiten des Verstehens entstehen. Wenn Kinder etwas lesen (bzw. anschauen), sehen oder hören, was sie nicht aus dem eigenen Erfahrungshorizont kennen, befördert das **neue Fragen nach Zusammenhängen und Hintergründen.**

Kinder wollen diese Fragen stellen dürfen und suchen nach Antworten, wenn sie etwas nicht kennen oder verstehen. Damit sie mit möglicherweise entstehenden Fragen nicht allein gelassen werden, sollten **neue Mediengeschichten, ob im Buch, im Film oder Video oder einem Hörspiel, zunächst immer gemeinsam** konsumiert werden. Kinder brauchen dabei kompetente Ansprechpartner*innen, die ihre Fragen beantworten und unverstandene Zusammenhänge erklären oder sich gemeinsam mit den Kindern auf die Suche nach Schlüsseln zu Unbekanntem machen. In der Regel sollten das Erwachsene sein, die einen größeren Erfahrungsschatz besitzen, die Dinge erklären können oder wissen, wo und wie sie Antworten finden. Bei der Erschließung dieses neuen Erfahrungs- und Wissensraums sind Sie als pädagogische Fachkräfte besonders geforderte Ansprechpartner*innen.

Andererseits entspringt aus der gleichen Motivation, der Neugier und der Lust auf das Unbekannte und Neue, dem Wunsch nach spannenden Abenteuern in und durch neue Geschichten die Sehnsucht, die gewohnte Realität zu verlassen und in die Welt der Fantasie aufzubrechen.

Dieser Erfahrungsraum ist gekennzeichnet durch das emotionale Erleben, das ganzheitliche Eintauchen in andere Welten durch andere Zeiten, andere soziale Bezüge und Beziehungsformen sowie das Zusammentreffen mit unbekannten Wesen. Dabei spielt **das erzählende Medium** selbstverständlich eine Rolle für die Wirkung und Aneignung einer Geschichte, genau wie **der räumliche und soziale Rahmen,** in dem die Mediennutzung geschieht.

Kinder kennen natürlich Bücher in gedruckter Form. Diese Medien gehören zur Grundausstattung in jede Kita und in fast jeden Haushalt. Laut Untersuchungen der Stiftung Lesen[4] gehört Vorlesen und gemeinsames Anschauen von Bilderbüchern seit mehreren Jahren nicht mehr selbstverständlich zur medialen Beschäftigung von Eltern mit ihren Kindern. **In der aktuellen Vorlesestudie von 2020** gibt die Stiftung Lesen an, dass 32 Prozent der Kinder im Alter zwischen einem und acht Jahren zu Hause von ihren Eltern **zu selten oder gar nicht mehr vorgelesen** bekommen[5]. Als einer der Gründe dafür wird darin neben Zeitmangel im Familienalltag die Abgabe der Verantwortung über die Zuständigkeit für das Vorlesen genannt, die bei den Bildungsinstitutionen liege. Umso mehr geraten damit die Kitas in die Verantwortung, diese Aufgabe der Medienbildung für alle Kinder zu übernehmen. Eine gemeinsame Mediennutzung, dies betrifft nicht nur Bücher, sondern auch digitale Medien insgesamt, fördert die Sprachfähigkeit, die kognitiven Fähigkeiten, die Persönlichkeitsentwicklung, soziale Kompetenzen und die Kreativität. Der Austausch über Medieninhalte, über Bilder, Symbole, Figuren und deren Handeln, Emotionen und Wahrnehmungen ermöglicht es Kindern, diese Eindrücke zu sortieren. In der Medienbildung ist der **diskursive Umgang mit Medieninhalten entscheidend für eine Stärkung der Medienkompetenz.** Medieninhalte müssen verarbeitet werden. Dies geschieht im Abgleich von Verhaltensweisen und sozialen Interaktionsmustern in sozialen Be-

[4] Vgl. Ehmig, Simone C.; Schnock, Daniel (2020): Vorlesestudie 2020 – Wie wird Vorlesen im Alltag möglich? Stiftung Lesen, Die Zeit, Deutsche Bahn Stiftung. Mainz www.stiftunglesen.de/forschung/forschungsprojekte/vorlesestudie (aufgerufen am 27.10.2020)
[5] Vgl. ebd.

ziehungen mit den eigenen Vorstellungen und Weltbildern, mit Kategorien von richtig und falsch. Der Austausch mit und über Medien ist entscheidender Teil der Bildungsprozesse, bezogen auf die Medienwirkungen und deren Einfluss auf Werte, Haltungen, Überzeugungen und die Persönlichkeitsentwicklung.

Medien als Lernräume

Medien bieten als Raum für Erfahrungen **vielfältige Lernmöglichkeiten.** In interaktiven Online-Spielen entstehen lernende Gemeinschaften, die sich im Gegensatz oder parallel zur institutionellen Lernwelt entwickeln. Lernerfahrungen in medialen Räumen werden damit zu einem Paradoxon des Lernens[6]. Lernen geschieht dabei im spielerischen Entdecken dieser mediatisierten Lebenswelten und im Abgleich mit Erfahrungen aus realen Wirklichkeiten.

Lernerfahrungen können dann z. B. die Wirksamkeit und Mächtigkeit der eigenen Sprache sein, wenn selbst formulierte Befehle von Sprachassistenzsystemen zu einem Ergebnis führen. Lernerfahrungen können aber auch gezielte Recherchen im Netz auf den Seiten von Kindersuchmaschinen sein, wenn die Erforschung von Tieren oder Pflanzen gerade interessant sind. Oder Lernerfahrungen können als Selbstwirksamkeitserfahrungen, Selbstbestätigung und Anerkennung in digitalen Spielen gemacht werden, wenn ein Kind bestimmte Herausforderungen nach vielen Versuchen meistert und ein neues Level erreicht.

Lernerfahrungen mit und durch digitale Medien sind dabei nicht auf die Aneignung kognitiver Lerninhalte beschränkt, sondern **haben immer mehrere Dimensionen:**

- neues Wissen über Dinge aus der eigenen Umwelt
- die Erschließung von Zusammenhängen
- neue Fähigkeiten und Umgangsweisen im Gebrauch von Plattformen, Anwendungen und Geräten

[6] Heinz Hengst beschreibt zeitgenössisches Lernen mit dem treffenden Begriff des Paradoxons des Lernens: „Obwohl Kinder und Jugendliche immer mehr Zeit in schulischen Einrichtungen verbringen und die Zunahme von Verschulungstendenzen auch die schulfreie Zeit erfasst hat, dominiert Entschulung in nie gekanntem Maße die Lernerfahrungen von Kindern und Jugendlichen“. In: Hengst, Heinz (2014): Kinderwelten im Wandel. In: Tillmann, Angela; Fleischer, Sandra; Hugger, Kai-Uwe (Hrsg.) (2014): Handbuch Kinder und Medien. Wiesbaden, S. 25.

+ die Aneignung neuer Erfahrungs- und Kommunikationsräume
+ die Entwicklung eines Bewusstseins über das eigene subjektive Empfinden
+ die Entwicklung von Werten und Haltungen
+ die Erfahrung von Selbstwirksamkeit und Selbstständigkeit

Ein entscheidendes Kriterium für diese **Lernerfahrungen im Kontext von Medien** ist, dass sie **außerhalb gesteuerter und intendierter Lernprozesse** stattfinden. Es gibt keinen Bildungsplan für diese Lernerfahrungen, kein Bildungskonzept und keine festen Zeiten und Räume. Damit werden Lernprozesse in und mit Medien viel stärker zu selbstkontrollierten Prozessen, die sich der Kontrolle durch Institutionen wie Bildungseinrichtungen oder Eltern entziehen und die **Autonomie von Kindern fördern.**

Medien als emotionale Räume

Lernen in und mit digitalen Medien muss immer auch als **emotionale Erfahrung** gedacht werden. Medieninhalte, wie Bilder, Videos, Texte, Musik und Sound, wirken auf der Gefühlsebene und werden emotional verarbeitet. Wenn wir Geschichten hören, lesen oder anschauen, stehen wir diesen Geschichten nicht teilnahmslos gegenüber, sondern wir lassen uns durch die Bilder einer Geschichte ansprechen, verzaubern, sind abgestoßen, irritiert oder fasziniert. Bei einer guten Geschichte **können wir uns der emotionalen Wirkung nur schwer entziehen.** Beim Erlernen des emotionalen Umgangs mit Medieninhalten bedeutet gerade die oft nicht einschätzbare emotionale Wirkung von Medieninhalten auf Kinder, dass wir sie **nicht ungeschützt** Medieninhalten aussetzen sollten, die sie unter Umständen nicht verarbeiten können. Erfahrungen mit Medieninhalten, die von Kindern nicht verarbeitet, verstanden oder in die eigenen Alltagserfahrungen einsortiert werden können, können möglicherweise Ängste oder problematisches Verhalten auslösen. Um solche Erfahrungen zu vermeiden, sollten Kinder **bei der Nutzung neuer Medieninhalte nie allein gelassen werden,** sondern von Personen begleitet werden, die sowohl die Wirkung von Mediengeschichten als auch deren Verarbeitung bei Kindern einschätzen können.

Sozialisation und Identitätsentwicklung

Die Entdeckung dieser unterschiedlichen medialen Erfahrungsräume gehört zum Sozialisationsprozess und in die Phase des Selbstständigwerdens von Kindern. **Mediennutzung ist Teil der Aneignung von Welt** und gehört durch die unabhängig von Raum und Zeit vorhandene, permanente Verfügbarkeit von Medieninhalten und Zugängen heute selbstverständlich zur Auseinandersetzung mit Realität und Wirklichkeit, zur Ausbildung von Werten und Moralvorstellungen und zum Erkenntnisprozess von richtig und falsch oder von Wahrheit und Fake News.

Hurrelmanns „Einführung in die Sozialisationstheorie"[7] folgend, definiert Ralf Volbrecht Sozialisation „als eine Folge von aktiven Prozessen einer Auseinandersetzung des Menschen mit seiner symbolischen, sozialen und materiellen Umwelt sowie mit sich selbst."[8] Sozialisation wird dabei als ein **nie abgeschlossener Zustand** verstanden, sondern, entsprechend dem Konzept des lebenslangen Lernens, als lebenslange Aufgabe der Aneignung und Auseinandersetzung von innerer Realität (Körper und Psyche) und äußerer Realität (sozialer und physikalischer Umwelt). Sozialisation gelingt dann, wenn Menschen als handelnde Subjekte, die verantwortlich sind für die Herstellung der eigenen Identität und zugleich auch für die Sinnstiftung des eigenen Lebens, in der Lage sind, grundlegende Wertvorstellungen und Rollen der Gesellschaft

[7] Hurrelmann, Klaus (2002): Einführung in die Sozialisationstheorie. Weinheim.
[8] Vollbrecht, Ralf (2014): Mediensozialisation. In: Tillmann, Angela/Fleischer, Sandra/Hugger, Kai-Uwe (Hrsg) (2014): Handbuch Kinder und Medien. Wiesbaden, S. 115.

und Gruppenzugehörigkeiten zu erlernen und zu akzeptieren[9].

Zugleich bedeutet eine gelingende Sozialisation eine aktive und bewusst handelnde Haltung der Kritik. Sozialisation als Prozess ermöglicht es dem Subjekt, reflexiv diese Normen und Werte, gerade auch auf der Grundlage informeller Lernprozesse innerhalb der eigenen Altersgruppe, **kritisch zu hinterfragen** und für sich selbst **neu zu definieren** und zu füllen. Für Sozialisationsprozesse im Kontext mit Medien ist dabei entscheidend, **dass es keine Trennung gibt zwischen realer und virtueller Wirklichkeit,** sondern beide sich gegenseitig beeinflussen und durchdringen. Medien bestimmen, nicht erst seit dem Zeitalter des Internets, unser Verständnis und unseren Zugang zur Welt. „Alles, was wir über unsere Gesellschaft, ja über die Welt, in der wir leben, wissen, wissen wir durch die Massenmedien."[10] Im Zeitalter der digitalen Medien wird der **Zugang zur Welt und Welterkenntnis durch interaktive soziale Medien und Plattformen** bestimmt und beeinflusst. Damit ist unser Zugang zu Wirklichkeit und Welt ganz entscheidend von unserer Mediennutzung und Medienaneignung geprägt.

Unter diesen Bedingungen vollzieht sich die Identitätsbildung ebenfalls als kreativer Prozess und lebenslange Entwicklung[11] mit dem Ziel der Herausbildung eines eigenen Ichs und der Sinnstiftung für das eigene Leben. Medien und Medieninhalte spielen für die **Identitätsentwicklung** eine besondere Rolle, da sie ganz vielfältige Materialien für die Entwicklung von Werten, Einstellungen und Orientierung bereithalten. Durch die Pluralität und, damit verbunden, unter Umständen auch Widersprüchlichkeit dieser Inhalte können andererseits **Irritationen und Unsicherheiten** ausgelöst werden. Die Fragen, was wahr und richtig ist und für mich

[9] Vgl. Vollbrecht, Ralf (2014): Mediensozialisation. In: Tillmann, Angela/Fleischer, Sandra/Hugger, Kai-Uwe (Hrsg) (2014): Handbuch Kinder und Medien. Wiesbaden, S. 115f.
[10] Luhmann, Niklas (1996): Die Realität der Massenmedien. Opladen, S. 9.
[11] Vgl. Erikson, Erik H. (1966): Identität und Lebenszyklus. Frankfurt, S. 141.

und meine Entwicklung förderlich, spielen bei der Medienaneignung eine wichtige Rolle und machen wiederum die Notwendigkeit von medienpädagogischer und medienerzieherischer Unterstützung und Begleitung sichtbar. Medien sind künstliche Welten. **Medieninhalte sind produzierte Inhalte.** Hinter jedem Inhalt, ob Hörspiel, Bilderbuch, Video in der MausApp oder Werbeclip, steht ein Zweck, eine Absicht und spezifische Interessen. Teil einer medienpädagogischen Arbeit muss daher immer auch die Vermittlung dieses grundsätzlichen Wissens über Medien und Medieninhalte sein. Dann können Medien und das Experimentieren mit Medienbildern im Spielen, Nachspielen und Nachempfinden von Situationen, Verhalten und Rollenbildern zu einem Raum für stellvertretendes Probehandeln werden. Damit bieten Medienerfahrungen eine Vorwegnahme von Wirklichkeit und als Simulation von Verhaltensweisen einen **Orientierungsraum für Entwürfe einer eigenen Identität.** Inwieweit diese Identitätsentwürfe auf Anerkennung stoßen und damit verfestigt und weiterentwickelt werden können, ergibt sich immer im Abgleich mit den Reaktionen aus der Umwelt, also in der Altersgruppe bzw. mit der Erwachsenengeneration[12].

Für die Identitätsentwicklung von Kindern bieten Medien und Medieninhalte durch vielfältige Identifikationsangebote ein herausforderndes attraktives **Experimentierfeld** und vielfältige **Orientierungsmuster.** Da die Identitätsentwicklung entscheidend durch die Anerkennung von außen bestätigt bzw. nicht akzeptiert wird, brauchen Kinder gerade hier ein Gegenüber, das die aus den Medien kommenden Identitätsentwürfe einordnen kann, Kindern genau dieses Feedback gibt und damit zugleich problematischen Entwicklungen entgegenwirkt.

Medienkompetenz und Medienbildung

Das Konzept der Medienkompetenz wurde von dem Erziehungswissenschaftler Dieter Baacke[13] in den 1990er-Jahren auf der Grundlage des Begriffs der kommunikativen Kompetenz von Jürgen Habermas[14] entwickelt.

Wichtig bei dem **Konzept der Medienkompetenz** Baackes ist, dass er von einer anthropologischen Voraussetzung ausgeht, die Menschen aufgrund ihres Menschseins eine kommunikative Kompetenz zuspricht. Als soziale Wesen sind Menschen **angewiesen auf Interaktion und kommunikativen Austausch.** Diese Basiskompetenz wird gleichzeitig von Baacke als Zielkategorie definiert, die gefördert werden muss. Dies ist Aufgabe der Eltern in der Medienerziehung in der Familie und der pädagogischer Fachkräfte in Kitas, Schulen und anderen institutionalisierten Bildungseinrichtungen. Medienkompetenz ist dabei nicht normativ gefasst, d.h., es gibt auch nicht eine einmal erreichte und damit abgeschlossene Fähigkeit der Medienkompetenz, die beispielsweise durch bestimmte, abzuhakende, erfüllte Kriterien einmalig erworben wird und damit für immer erreicht wäre. Medienkompetenz wird vielmehr in Anlehnung an die Begriffe „Sozialisation“ und „Identitätsentwicklung“ als lebenslanger Prozess definiert[15].

Baacke entwirft das Konzept der Medienkompetenz in Form einer medienpädagogischen Handlungstheorie. Medienpädagogik und medienpädagogisches Arbeiten versteht er als Praxis, die Erziehung, d.h. erzieherisch intendiertes absichtsvolles Handeln, mit dem Begriff „Sozialisation“, d.h. einer Orientierung an der von Medien geprägten Lebenswelt von Kindern und Jugendlichen, kombiniert.[16] Er erweitert dieses Konzept durch den Bildungsbegriff, der aufgrund der Unverfügbarkeit des Subjekts im Erziehungsprozess die **Selbstverantwortlichkeit des Subjekts für eigene Bildungsprozesse** bestimmt.[17] Die Umsetzung des Konzepts der Medienkompetenz ist grundlegende Aufgabe der Medienpädagogik, indem sie ursprünglich in der außerschulischen Jugendbil-

[12] Vgl. Erikson, ebd. S. 150.
[13] Baacke, Dieter (1997): Medienpädagogik. Tübingen.
[14] Habermas, Jürgen (1981): Die Theorie des kommunikativen Handelns. Frankfurt.
[15] Vgl. Baacke, Medienpädagogik. S. 97f.
[16] ebd. S. 56f.
[17] ebd. S. 100.

dungsarbeit Räume schafft, in denen handlungsorientierte medienpädagogische Praxisprojekte mit Kindern und Jugendlichen umgesetzt werden können.

Baackes Konzept der Medienkompetenz

Merke!

Die vier Dimensionen[18], in denen Baacke sein Konzept der Medienkompetenz ausdifferenziert, machen den handlungsorientierten Ansatz auch in einer sich technologisch extrem schnell verändernden Medienlandschaft zu einer wichtigen Grundlage für die Medienbildungsarbeit: Dabei werden die vier Dimensionen in einen „Wissensbereich" und einen „Nutzungsbereich" unterteilt, die jeweils zwei Dimensionen beinhalten, die allerdings immer als Medienhandeln zu verstehen sind. Zum Wissensbereich gehört die Dimension der Medienkunde, also das Wissen darüber, wie Medien, Geräte, Plattformen, Medieninhalte verwendet werden und wie sie funktionieren. Die zweite Dimension auf der Wissensseite ist die Medienkritik. Gemeint ist hier, dass wir bei unserer alltäglichen Mediennutzung immer einen analytischen Blick als Perspektive anwenden. Warum wird eine Geschichte in dieser Art erzählt, welche Rolle spielen z. B. gesellschaftliche oder politische Kontexte, wie werden Geschlechterrollenbilder transportiert, welche Funktion haben Bildsprache und der Einsatz von Musik und wie ist die Wirkung ganz konkret auf mich bei meiner Mediennutzung und welche Werte nehme ich daraus mit für mein weiteres gesellschaftliches Handeln. Auf der Seite des „Nutzungsbereichs" geht es um das konkretere Medienhandeln. In der Dimension Mediennutzung geht es ganz konkret um die Reflexion der eigenen Mediennutzung vom Konsum von Angeboten bis zur Produktion von eigenen Inhalten. In der letzten Dimension, der Mediengestaltung, geht es darum, sich mit und über Medien auszudrücken und dabei die gelernten Routinen zu erweitern und auch das herrschende Mediensystem durch neue Ideen, Formen oder Formate zu verändern und innovativ zu gestalten. Medienhandeln, verstanden nach Dieter Baacke, wird so zu einem Prozess der gesellschaftlichen und politischen Partizipation.

[18] Vgl. Baacke, Medienpädagogik. S. 98f.

Medienpädagogische Arbeit mit Kindern, die sich an dem Konzept der Medienkompetenz von Dieter Baacke, verstanden als Bildungsaufgabe, orientiert, geht von der Voraussetzung aus, dass **Medienbildungsprozesse sich grundsätzlich in medial geprägten Lebenswelten** ereignen. Zunächst finden diese Medienbildungsprozesse im Alltag und Medienhandeln der Kinder in der Familie statt. Bei unserer medienpädagogischen Arbeit in der Kita greifen wir diese Medienerfahrungen der Kinder auf und schaffen **geschützte Räume,** in denen Kinder Erfahrungen mit Medien machen dürfen, sich ausprobieren und experimentieren können und eigene Medieninhalte kreieren.

Medienpädagogisches Arbeiten ist:

- Erklärung technischer Funktionsweisen von Medien, z. B. Tabletkamera
- Erklärung digitaler Plattformen, z. B. Kindersuchmaschinen und Google
- Aufklärung über emotionale Wirkweisen von Medieninhalten, z. B. Bilder und Videos
- Aufklärung über Künstlichkeit von Medieninhalten, z. B. Animationsserien
- Aufklärung über wirtschaftliche Zusammenhänge und Absichten, z. B. Werbung
- Aufklärung über politische Implikationen, z. B. Nachrichtensendungen
- Aufklärung über Risiken bei der Mediennutzung, z. B. Altersfreigaben von Filmen
- Motivation zur Medienreflexion, z. B. Lieblingssendung im Fernsehen

Medienpädagogik ganz konkret

Medienpädagogisch zu arbeiten, bedeutet zunächst, **Medien und Medieninhalte ganz bewusst zum Thema zu machen.** Das kann bereits ein Gespräch über Medienerfahrungen sein: „Was habt ihr am Wochenende im Fernsehen gesehen oder auf dem Tablet gespielt?", „Was hat euch daran fasziniert und was war vielleicht auch komisch?", „Warum sind eigentlich diese Superheldenfiguren auf euren T-Shirts, Kuscheltieren und Rücksäcken? Warum begleiten sie euch durch den Tag?"

Wichtig beim Austausch über Medienerfahrungen ist immer, dass Erwachsene die **Erfahrungen von Kindern ernst nehmen,** ihnen auf Augenhöhe begegnen und echtes Interesse zeigen. Aus den Berichten über Medienerfahrungen können z. B. Rollenspiele oder Mal- und Bastelaktionen entstehen. Oder die **Medienerfahrungen werden zur kreativen Medienarbeit** genutzt und eigene Superheld*innen-Geschichten entwickelt, gespielt und in Form eines Hörspiels oder kurzen Videos zu einem eigenen Produkt verarbeitet. Medienpädagogisch zu arbeiten, bedeutet aber auch, **Medien bewusst in alltäglichen Situationen einzusetzen,** z. B. Musik für Spiele oder zur Entspannung, Bücher und Angebote im Internet zur Interaktion, zur Recherche und zum Wissenserwerb. Zu besonderen Festen oder Jahreszeiten können aktuelle Mediengeschichten auch bewusst eingebunden werden. Durch die Reflexion solcher Medieninhalte werden **Lernprozesse initiiert.**

Medienpädagogik heißt darüber hinaus auch, **digitale Geräte in anderen Kontexten einzusetzen,** z. B. das Tablet mit auf den Ausflug zu nehmen, um dokumentieren zu lassen, was die Kinder erleben, indem sie fotografieren oder Geräusche sammeln, recherchieren und Erlebtes analysieren. Selbstverständlich bedeutet medienpädagogisches Arbeiten, den **selbstständigen Umgang der Kinder mit Geräten, Apps und Inhalten** in gezielten Projekten zu fördern, eigene Lernerfahrungen mit anderen zu ermöglichen und entstandene Produkte z. B. auf Elternnachmittagen zu präsentieren.

Eltern als Vorbilder *oder:* Überlegungen für die medienpädagogische Arbeit mit Eltern

Das ist das **Paradoxon der digitalen Medien:** Sie sind per se weder gut noch schlecht. Und: digitale Medien sind eine Tatsache und **gehören zur sozialen, gesellschaftlichen und familiären Umgebung des Aufwachsens von Kindern.**

Entscheidend für die Nutzung von Medien ist, was für Medieninhalte über welche Medienplattformen auf welche Art und Weise und in welcher gemeinschaftlichen Situation genutzt werden. Dabei geht es immer auch um die Frage: **Was tut den Kindern, den Eltern und der gesamten Familie gut?** Verknüpft ist das mit Annahmen über eine „sinnvolle" Mediennutzung. Sinnvoll kann dabei auch durch „angemessen", „altersgerecht" oder „gesund" ersetzt werden, ohne dass der Begriff der „sinnvollen Mediennutzung" dadurch eindeutig definiert werden würde.

Medienerziehung – Was ist da eigentlich los in Familien?

Eltern berichten uns oft von einem **schlechten Gewissen,** bezogen auf die Mediennutzung von Kindern. Häufige Erklärungen sind die zeitliche oder organisatorische Überlastung aufgrund der beruflichen Situation. Dabei wird die Medienerziehung in der Familie durchaus als notwendig bezeichnet, aber eben häufig als nicht praktikabel. Andererseits ist das Thema „Mediennutzung durch Kinder" immer wieder Anlass für kleine und **große Konflikte** innerhalb der Familienkommunikation und der Erziehungssituation insgesamt und wird so auch als Belastung wahrgenommen. Gerade durch die sich ständig in hoher Geschwindigkeit weiterentwickelnde Medienwelt mit immer neuen Angeboten, die sich speziell an die Altersgruppe von jüngeren und jüngsten Kindern richtet, **wird Medienerziehung zu einer immer größeren und unüberschaubaren Aufgabe, Herausforderung und nicht selten auch Überforderung für Eltern.**

Die Medienerziehung in Familien **hängt dabei von unterschiedlichen Faktoren ab,** wie z. B.

- Organisationsstrukturen des Familienlebens
- Verfügbarkeit von zeitlichen Ressourcen
- Verfügbarkeit von digitalen Geräten und Medienplattformen
- Familienkonstellationen
- Bildungsmilieu
- sozioökonomische Faktoren
- biografische Faktoren

Grob lassen sich drei unterschiedliche **Medienerziehungsstile innerhalb von Familien** unterscheiden, wobei die Unterscheidung nicht zwingend und eindeutig ist, sondern sich viele häufig miteinander vermischen und auch in den unterschiedlichsten Schattierungen vorkommen.

1. Der medienkritische oder bewahrpädagogische Erziehungsstil

Kennzeichen ist eine **grundsätzlich kritische Haltung,** häufig einhergehend mit vielfältigen, diffusen Bedenken, bezogen auf die Nutzung und

Wirkung von digitalen Technologien und Medieninhalten. Aufgrund **(oft) fehlender eigener Erfahrungen** bei der Nutzung neuer digitaler Technologien mangelt es dieser Haltung an Verständnis für das Medienhandeln von Kindern. Es fehlt an der Einsicht, dass es eine Notwendigkeit gibt, sich der Herausforderung zu stellen, dass durch die technologischen Veränderungen sich auch die digitalen Lebenswelten und Normalitäten von Kindern verändern. Häufig begegnen uns hier **Vorbehalte**, die insbesondere durch populärwissenschaftliche Veröffentlichungen und kontrovers zugespitzte Debatten in den Massenmedien unterstützt werden[19] und wiederum Ängste und Unsicherheiten schüren. Leider tragen diese Diskussionen wenig zu einer vernünftigen Auseinandersetzung über die belegbar vorhandenen Chancen und ebenfalls eindeutig benennbaren Risiken der digitalen Medien bei, sondern **vertiefen Vorurteile und gesellschaftliche Gräben.**

Verhindert wird damit eine konstruktive Auseinandersetzung mit Medien und Medieninhalten, die Kindern einen ihrer Entwicklung angemessenen Zugang und Umgang mit diesen Medien ermöglicht und damit einer Stärkung kindlicher Medienkompetenz und Medienbildung förderlich ist. Diese **Haltung widerspricht dem Erziehungsauftrag,** Kindern den Zugang zu Bildung, Information und Selbstbildung, Freizeit und Spiel[20] zu ermöglichen.

2. Der technikbegeisterte medienaffine Erziehungsstil

Kennzeichen dieses Erziehungsstils ist, dass Kinder **vielfältige Medienerfahrungen in der Familie** machen und in die Einrichtungen tragen. Haushalte, die einen medienaffinen Erziehungsstil leben, sind häufig **gut und umfassend mit neuesten Technologien ausgestattet** und gut informiert über kindgerechte Angebote, auch was Problembereiche, wie z. B. Datenschutz oder Privatsphäre-Einstellungen, betrifft. Kinder nutzen dort Suchmaschinen, Smartphones, Spiele-Konsolen und Sprachassistenten selbstständig und erleben die **digitale Steuerung eines vernetzten Haushalts als etwas Selbstverständliches.**

Ein typisches Beispiel aus der Erzählung einer Erzieherin: Einige Kinder versuchten bei der Betrachtung der Fische im Aquarium der Kita, die Ansicht der Fische durch das Auseinanderziehen zweier Finger an der Scheibe des Aquariums zu vergrößern. Gelernt haben sie die einfache und eindeutige Wirkung der Bewegung bei der Benutzung von Tablets und Smartphones.

Medienaffine Eltern stellen häufig auch **Forderungen an pädagogische Fachkräfte,** digitale Technologien und Geräte stärker in die pädagogische Arbeit der Kindertagesstätten einzubinden und zu integrieren, ohne die vorhandenen Strukturen und Rahmenbedingungen zu berücksichtigen bzw. zu kennen.

Die Kinder selbst bringen gerne ihre digitalen Geräte und Spielzeuge mit in die Einrichtung und zeigen anderen Kindern die eigenen Erfolge und erreichten Levels im aktuellen Lieblingsspiel. (In einigen Einrichtungen gibt es dafür spezielle „Geräte-Mitbring-Tage“, in anderen Einrichtungen ist das Mitbringen digitaler Devices häufig gar nicht erlaubt bzw. unerwünscht.) Verbunden ist damit unter Umständen auch der Versuch, den **eigenen Status über den Besitz eines Gerätes zu definieren** und sich von anderen abzugrenzen.

Nicht erst im Grundschulalter werden Kinder technikbegeisterter Eltern häufig auch mit smarten Geräten, wie speziellen Smartwatches für Kinder, ausgestattet, die es den Eltern ermöglichen, im ständigen Kontakt mit ihren Kindern zu bleiben. Neben der Trackingfunktion (Ortungsfunktion über GPS-Daten) der Smartwatches ist die **digitale Überwachung** nicht nur der Kinder, sondern auch der Umgebung möglich. Abhörfunktionen, beispielsweise in der App „Find my Kids“, ermöglichen

[19] Vgl. beispielsweise: Spitzer, Manfred (2012): Digitale Demenz. Wie wir uns und unsere Kinder um den Verstand bringen. München: Droemer Knaur. – Das Buch stand vom 27. August bis zum 9. September 2012 auf Platz 1 der Spiegel-Bestsellerliste.

[20] Vgl. UN-Kinderrechtskonvention Artikel 17 (Recht auf Zugang zu Medien und den Kinderschutz) und Artikel 31 (Recht von Kindern auf volle künstlerische Teilhabe und Teilnahme an aktiver Freizeitgestaltung und Spielen). https://www.unicef.de/informieren/ueber-uns/fuer-kinderrechte/un-kinderrechtskonvention

das Einschalten der Audio- oder Videoüberwachung von außen. Der Einsatz solcher Uhren für Kinder, die von anderen Geräten aus den Start von Video- oder Audioaufzeichnungen ermöglichen, ist laut Bundesnetzagentur[21] in der Bundesrepublik verboten. Gerade hier fehlt bei technikaffinen Eltern, ebenso wie bei Eltern, die einen Laissez-faire-Erziehungsstil praktizieren, häufig die kritische Distanz, die der Einsatz solcher Technologien erfordert, sowie der reflektierte Umgang mit Daten, Privatsphäre und Erwartungen an die Technologien, was das Lernen und die Erfahrungen von Selbstbewusstsein und Eigenständigkeit von Kindern betrifft.

3. Der Laissez-faire-Erziehungsstil

Kennzeichen dieses Erziehungsstils ist, dass **digitale Medien und Technologien als Selbstverständlichkeit** wahrgenommen und genutzt werden, **ohne die eigene Nutzung bewusst zu reflektieren.** Gerade mediale Angebote für Kinder werden, bezogen auf eine problematische Nutzung oder implizite kritische Inhalte, kaum bis gar nicht reflektiert. Der Einsatz einer Kindersicherung auf dem Smartphone oder Tablet ist noch keine Medienerziehung, sondern überlässt die Erziehung einer Technologie. Ebenso ist die Erstellung eines Accounts von Eltern für ihre Kinder auf Seiten wie „YouTube Kids" oder expliziter digitaler Online-Spieleseiten für Kinder wie „Spielaffe" oder der Plattform „Roblox" keine aktive Medienerziehung.

Kindern wird dadurch eine selbstständige Mediennutzung zugetraut, die einerseits **Autonomie fördert,** die aber andererseits die kindliche Wahrnehmung und Verarbeitung von Medieninhalten und damit die kindliche Entwicklung, die auf angemessene aktive Begleitung angewiesen ist, unter Umständen überfordert. Diese **Sorglosigkeit bei der Medienerziehung** kann bei Kindern zu belastenden Medienerlebnissen führen. Die Nichtverarbeitung (nicht nur eindeutig problematischer) medialer Erfahrungen kann Albträume und Ängstlichkeit auslösen, aggressives Verhalten oder extrem gesteigerte Aktivität befördern. Kinder, deren Eltern einen Laissez-faire-Erziehungsstil leben, bringen häufig deutlich **auf Konsum fokussierte Mediennutzungsmuster** mit. Die Kinder selbst erleben die Mediennutzung als eine Fremdbeschäftigung. Diese Eltern setzen Medien mit der klaren Absicht ein, sich für ihre eigenen Aktivitäten Freiraum zu geben und sich selbst zeitlich und bezogen auf eine aktive Betreuung ihrer Kinder zu entlasten.

[21] Vgl. Bundesnetzagentur für Elektrizität, Gas, Telekommunikation, Post und Eisenbahnen (2021): Hinweise zu einzelnen Produktkategorien. www.bundesnetzagentur.de/DE/Sachgebiete/Telekommunikation/Unternehmen_Institutionen/Anbieterpflichten/Datenschutz/MissbrauchSendeanlagen/HinweiseProduktkategorien/hinweiseproduktkategorien.html (Aufgerufen am 10.03.2021)

Eltern als digitales Vorbild?

Kinder machen ihre **ersten Medienerfahrungen immer in der Familie.** Die Eltern sind die entscheidenden Vorbilder beim Umgang mit Medien, bei der Bereitstellung, Vielfalt und Auswahl des genutzten Medienangebots und bei den Strukturen und Mustern für die Mediennutzung im Alltag. **Kinder ahmen die Mediennutzungsgewohnheiten ihrer Eltern nach.** Das kann z. B. das intensive „Telefonieren" mit einem handyähnlichen Gegenstand (Bauklotz, Spielzeughandy etc.) sein, das Tippen mit einem Finger auf diesem Gegenstand als Nachahmen des Schreibens von Nachrichten o. Ä. Auch die Art und Weise und ob überhaupt mediale Geschichten Gesprächsstoff für die Kommunikation in der Familie im Alltag bieten, spiegelt das Verhalten von Kindern wider.

Kinder **kommunizieren über ihre Medienerfahrungen** in der Art und Weise, die sie zu Hause erleben. Ob die Mediennutzung in der Familie ein Konfliktthema der Erziehung ist, wird z .B. über die Thematisierung von Fernsehverboten oder Medienverboten durch die Kinder erkennbar. Welche Medienangebote genutzt werden, bringen Kinder durch ihre Vorlieben für bestimmte mediale Figuren mit in die Kita oder durch die Nachahmung bestimmter Verhaltensweisen. Dass das im Fokus der medialen Berichterstattung über Mediennutzung von Kindern und Jugendlichen stehende Spiel „Fortnite" bereits von Kindern im Vorschulalter zumindest mitgespielt wird, zeigt die genaue Kenntnis von Vorschulkindern über die sogenannten „Fortnite-Tänze". Dieses mediale Phänomen wird von Kindern selbstverständlich als eigene mediale Praxis genutzt, indem sie die Tänze bis zur Perfektion mittanzen. Es dient so auch der **Herstellung einer eigenen Identität, bezogen auf mediale Angebote,** und, damit verknüpft, einer Zugehörigkeit zu einer bestimmten Community.

Worum geht es in der Medienbildungsarbeit mit Eltern?

Ziel bei der Medienerziehung in der Familie ist ein **entwicklungsförderlicher und sozial verträglicher Medienumgang der Kinder.** Dabei werden Gestaltungsmuster entwickelt, die einen angemessenen, vielseitigen, gemeinschaftlichen, verantwortungsbewussten, kritischen und selbstständigen Medienumgang der Kinder fördern. Die Funktion der **Medien als Sinnstifter** ist dabei immer im größeren Zusammenhang der gesamten realen Erfahrungen zu sehen. Kinder brauchen neben positiven Medienerlebnissen emotionale Zuwendung, Empathie, Aufmerksamkeit, Anerkennung, Lob, Zeit, Anregung, Qualität, Vorbilder, Vielfalt, zugewandte Kommunikation, Spaß und Freunde, stabile Beziehungen und Sicherheit und den Raum für eigene Erfahrungen und Selbstwirksamkeit.

Vor diesem Hintergrund heißt **Medienbildungsarbeit mit Eltern** zunächst einmal, das Thema „Medienerziehung in der Familie" anzubieten und Eltern ein Gesprächsangebot zu machen. Wir erleben in unserer Praxis, dass ein Elternabend ganz allgemein zu Fragen der Medienerziehung als Beginn der Kommunikation zwischen Eltern untereinander und Ihnen als pädagogischen Fachkräften positiv wahrgenommen und angenommen wird. Damit können Sie den Austausch über vielfältige Fragen rund um das Thema anstoßen. Wir machen die Erfahrung, dass gerade der **Austausch von Eltern untereinander** ganz entscheidend ist, weil es vielfältigen Gesprächsbedarf, Unsicherheit und Fragen gibt. Mediennutzung wird in den Familien ganz unterschiedlich praktiziert. Der Austausch unter den Eltern bietet die Chance, sich gegenseitig Tipps zu geben, **was funktioniert gut oder wo liegen die eigenen Grenzen innerhalb der Familie** aufgrund unterschiedlichster Voraussetzungen. Aus solch einem ersten Elternabend können sich weitere Angebote ergeben. Je nach den Fragen, Wünschen und Bedürfnissen der Eltern können das beispielsweise ein regelmäßiges Austauschforum zu aktuellen Entwicklungen im Bereich von Medienangeboten sein, ein Medienfamilientag mit Eltern-Kind-Angeboten zum praktischen Ausprobieren von digitalen Spielen und/ oder kreativen digitalen Erfahrungsräumen oder auch die Einbeziehung von Expertisen, die gerade bei der Vielfältigkeit von Eltern immer auch vorhanden sind und mit einbezogen werden können.

Wie kann Medienbildungsarbeit mit Eltern gelingen?

Grundsätzlich sollten Sie als pädagogische Fachkraft darauf achten, dass Sie Eltern einen **kommunikativen Austausch über aktuelle Themen und grundsätzliche Fragenstellungen der Medienerziehung in der Familie anbieten.** Das bedeutet, Sie bringen die Themen mit ins Gespräch, die Sie bei den Kindern beobachten. Und Sie ermuntern die Eltern, ihre eigenen Themen und Fragestellungen bezüglich der Mediennutzung anzusprechen.

Dabei gilt: Es gibt erst einmal kein Richtig und kein Falsch. Sondern zunächst geht es darum, einen **Raum für Gespräche** anzubieten, der die eigenen Erfahrungen reflektiert. Eltern reagieren in der Regel zurückhaltend, da Mediennutzung und Medienerziehung häufig als „privat" verstanden und damit erst einmal nicht als Thema für Bildung und von Bildungseinrichtungen wahrgenommen werden. Hier spielt auch das häufig vorhandene schlechte Gewissen eine große Rolle („Eigentlich wissen wir ja, dass die Kinder zu viel / zu oft / zu unkontrolliert Medien nutzen, aber wir haben einfach keine zeitlichen/personellen Ressourcen.").

Was aber für die Mediennutzung und Medienerziehung in der Familie entscheidend ist, ist, dass die **Erwachsenen ein Bewusstsein für die eigene Mediennutzung und das eigene Medienhandeln entwickeln oder bereits entwickelt haben.** Ein erster Schritt zur Reflexion könnte ein kleines Soziogramm (Beispiele für die Reflexion finden Sie

in der Tabelle auf der übernächsten Seite) sein. Durch diese Form lässt sich räumlich visualisieren und damit nachhaltig sichtbar machen, wie die Mediennutzung der Erwachsenen aussieht, **welchen Stellenwert sie im Alltag einnimmt** und welchem Zweck sie dient. So etwas können Sie als pädagogische Fachkräfte gemeinsam mit Eltern in Kleingruppen durchführen, beispielsweise bei einem Gruppenelternabend. Wichtig dabei ist, dass Sie selbst „mitspielen". Auch Sie als Fachkräfte sind in Ihrer Mediennutzung Vorbilder für die Kinder in der Einrichtung. Eltern fällt es dadurch leichter, sich für das Thema zu öffnen, wenn sich alle als Team und als gemeinsam für Medienerziehung und Medienbildung verantwortlich begreifen und hier Menschen miteinander auf Augenhöhe kommunizieren.

Merke!

Baackes Konzept der Medienkompetenz

Die Stärkung der Medienkompetenz von Kindern durch die Medienbildungsarbeit in der Kindertagesstätte kann nur nachhaltig sein, wenn Mediennutzung in der Familie und Bildungsarbeit in der Kita miteinander in Beziehung stehen und sich gegenseitig ergänzen und befruchten.

Je nach Familie, beispielsweise bedingt durch die Altersstruktur der Familienmitglieder oder die berufliche Mediennutzung, sind die Nutzung und der Stellenwert, den die digitalen Medien und Geräte einnehmen, sehr unterschiedlich.

Für die Medienerziehung in der Familie ist dabei entscheidend, dass die Mediennutzung immer bewusst passiert und die Aufmerksamkeit, die Medien aller Art bekommen, **ganz bewusst und nicht zulasten der Kinder** geschieht.

Beispiele	Fragen für die Reflexion	Funktion der Mediennutzung in der Familie
✚ Das Radio läuft beim Frühstück. ✚ Die Kinder sehen 30 Minuten fern vor dem Abendessen. ✚ Es wird gemeinsam nach dem Abendessen ferngesehen.	✚ Dient es der aktuellen Information? ✚ Bietet es lockere Unterhaltung? ✚ Ermöglicht es die Zeit für die Zubereitung des Abendessens oder fungieren Medien als Babysitter? ✚ Dient es der Entspannung und Struktur des Familienlebens als gemeinschaftliches Medienerleben und Tagesabschluss? (wird erst für Kinder ab ca. drei Jahren sinnvoll)	✚ Sie unterstützt die Alltagsstrukturierung und die zeitlichen Strukturen des Familienlebens. ✚ Sie bietet Routinen sowie Rituale und entlastet damit den Familienalltag.
Das Smartphone ist immer dabei und immer auf Empfang.	✚ Erreichbarkeit für die Familie oder ständige Ablenkung? ✚ Macht Terminabsprachen unabhängig vom Gespräch am Familientisch jederzeit möglich? ✚ Gibt Sicherheit für alle Familienmitglieder, unabhängig vom jeweiligen Aufenthaltsort? ✚ Macht Familienmitglieder in ihrer Bewegung und ihren Tätigkeiten kontrollierbar?	✚ Sie organisiert den Alltag und ermöglicht das Familienleben. ✚ Sie stellt die Einhaltung von Terminabsprachen sicher.
Es gibt gemeinsam konsumierte Fernsehsendungen, Serien, Hörspiele oder Bilderbücher.	✚ Findet eine gemeinsame Mediennutzung statt? ✚ Wann und zu welchem Zweck mit welcher Motivation?	Sie bietet Anlässe, Inhalte und Themen für gemeinsame Gespräche.
Der Laptop im Arbeitszimmer steht als Arbeitswerkzeug zur Verfügung.	✚ Wird er von allen zu Recherchezwecken genutzt? ✚ Wird er von den Erwachsenen zum Arbeiten und Spielen genutzt? ✚ Welchen Zugang zu Medien haben Kinder? ✚ Wie wird der Zugang gestaltet und in das Familienleben eingebunden?	✚ Sie bietet und unterstützt Lernen und Wissensaneignung. ✚ Sie ermöglicht gemeinsame Medienerlebnisse. (Spielen mit den Eltern oder gemeinsame Rechercheabenteuer im Internet)
Musik beeinflusst die emotionale Stimmung, kann zum Tanzen und Bewegen animieren und zum Mitsingen anregen.	Gibt es eine gemeinsame Mediennutzung, die emotionale Erlebnisse für die ganze Familie ermöglicht?	✚ Sie entlastet, indem unerwünschte Stimmungen vermieden werden. ✚ Sie ermöglicht den Austausch über Vorlieben, Stile und Erlebnisse unterschiedlicher Generationen.
Regeln für die Mediennutzung in der Familie werden immer wieder infrage gestellt.	✚ Gibt es Regeln? ✚ Für wen gelten die Regeln? ✚ Wer hat sie aufgestellt?	Sie ist selbst Gesprächsanlass, weil Konflikte geklärt werden müssen.
Nachts parkt das Smartphone in der Handygarage und wird geladen.	✚ Gibt es Zeiten ohne Erreichbarkeit? ✚ Ist Abschalten möglich?	Sie ist eine bewusste Entscheidung für Unverfügbarkeit und Ruhe.
Nachts liegt das Handy neben dem Bett.	Herrscht ein Gefühl der ständigen Verfügbarkeit in der Familie und sind wir immer auf „Stand-by"?	Das Smartphone wird zum Körperteil.

Regeln zur Mediennutzung in der Familie – der ständige Konflikt

Kinder lernen die Muster der Mediennutzung in der Familie. Regeln zur Mediennutzung **können hilfreich sein,** um Konflikte bereits vor dem Entstehen einzugrenzen. Aber auch hier gilt: Die strengsten Medienregeln nutzen wenig, wenn Eltern sie nicht selbst praktizieren und leben. Und grundsätzlich gilt: **Regeln zur Mediennutzung dürfen nicht statisch sein,** sondern müssen immer wieder überprüft werden. Im besten Fall, abhängig vom Alter der Kinder, sollten Eltern die Kinder in die **Diskussion über die Familienregeln zur Mediennutzung** miteinbeziehen. Kinder können ihren Eltern das eigene Mediennutzungsverhalten am besten spiegeln. Gehen Sie mit den Eltern in den Austausch über Familienregeln zur Mediennutzung. Fragen Sie aktiv danach im persönlichen Gespräch: Was ist sinnvoll und hat sich bewährt? Was ist nicht umsetzbar und sollte gestrichen werden? Was sollte unbedingt gelten und für wen? Wo sind Grenzen, die für alle gelten? Was wollen wir damit erreichen?

Anlass für ein Gespräch zu Medienregeln kann der von Eltern häufig geäußerte **Wunsch nach Rezepten und einfachen Ratschlägen für die Mediennutzung von Kindern** sein. Diesem verständlichen Wunsch steht der sehr individuelle und unterschiedliche Medienumgang in Familien gegenüber. Daher lassen sich nur sehr unzureichend gültige Rezepte und Regeln für alle formulieren. Jedes Kind ist anders und hat eine eigene Persönlichkeit entwickelt, d. h., auch **Kinder nehmen Medieninhalte individuell wahr und verarbeiten sie sehr unterschiedlich,** entsprechend eigenen Vorerfahrungen, situativen Kontexten, denn eigenen Biografie und den aktuellen Entwicklungsthemen.

Eltern kennen ihre Kinder am besten und können am besten beurteilen, was ihnen guttut, was sie ängstigt, welche Bedürfnisse sie haben und was einer positiven Entwicklung nicht förderlich ist. Ermuntern Sie die Eltern, Grenzen zu setzen, sinnliche Erfahrungen zuzulassen, wie den Wolken zuschauen, der Straße zuhören und **alternative Angebote** zu entwickeln, die auch ohne digitale Medien Abenteuer ermöglichen.

Im Anhang finden Sie einen Reflexionsbogen für Eltern, den diese zur Beschäftigung mit dem Medienumgang in der Familie nutzen können (siehe S. 89).

Altersfreigaben bei Filmen, Video- und Computerspielen

Merke!

Bei den Altersfreigaben handelt es sich um die gesetzlich geregelte Freigabe für Kinder und Jugendliche nach Altersstufen, frei ab 0, ab 6, ab 12, ab 16 und ab 18 Jahren. Verantwortlich für die Freigaben bei Filmen ist die FSK (Freiwillige Selbstkontrolle der Filmwirtschaft), die alle auf dem Markt befindlichen Filmangebote für den Vertrieb auf Datenträgern (DVD, Blu-Ray) und die öffentliche Vorführung im Kino prüft. Für die Altersfreigaben im Fernsehen prüft die FSF (Freiwillige Selbstkontrolle Fernsehen) und regelt die Freigaben entsprechend den Sendezeiten. Z. B. dürfen Filme ohne Altersbeschränkung „0“ im kompletten Programm laufen, Filme mit einer Altersfreigabe ab „16“ erst nach 22:00 Uhr. Für Video- und Computerspiele werden die Freigaben von der USK (Unterhaltungssoftware Selbstkontrolle) geprüft. Hintergrund für die Freigabe ist §14 Jugendschutzgesetz Absatz 1: „Filme sowie Film- und Spielprogramme, die geeignet sind, die Entwicklung von Kindern und Jugendlichen oder ihre Erziehung zu einer eigenverantwortlichen und gemeinschaftsfähigen Persönlichkeit zu beeinträchtigen, dürfen nicht für ihre Altersstufe freigegeben werden“[22].

Bei den Altersfreigaben handelt es sich nicht um pädagogische Empfehlungen. Sie können als Hilfestellung für die Auswahl von Medienangeboten dienen, bilden aber keine Garantie, dass in den Angeboten enthaltene Inhalte nicht verstörend auf Kinder wirken können. Die Wirkung von Medieninhalten hängt ganz entscheidend von der individuellen Persönlichkeit der Kinder ab.

© Tohuwabohu1976 – Shutterstock.com

[22] Jugendschutzgesetz (JuSchG), 14 Kennzeichnung von Filmen und Film- und Spielprogrammen, https://www.gesetze-im-internet.de/juschg/__14.html (aufgerufen am 15.11.2020)

Praxisteil:

Projektideen und Beschreibungen

Vor dem Einstieg in die Projekte

Alle auf den folgenden Seiten beschriebenen Projekte haben wir selbst während unserer jahrelangen medienpädagogischen Arbeit in Kindertagesstätten und mit Kindern aller Altersstufen durchgeführt. Dabei haben wir unsere **Ideen immer wieder überarbeitet, an veränderte Bedingungen und neue Technologien angepasst.** Im Fokus stehen für uns immer die Kinder und deren mediale Umwelt. Diese verändert und entwickelt sich **in hoher Geschwindigkeit.** Neue Technologien erhalten schnell Einzug in den Familienalltag. Besonders Kinder faszinieren die digitalen Welten, die dadurch zugänglich werden. Sie tauchen dabei völlig in die mit digitalen Medien erzählten Geschichten ein. Gerade die **Identifikation mit bestimmten Figuren,** egal ob sie gezeichnet oder dreidimensional animiert sind, ist für Kinder spannend als Vorbild und Hintergrund für die eigene erlebte Realität.

Mit unseren Praxisbeispielen wollen wir es Ihnen ermöglichen, **kleine und größere Medienprojekte schnell, einfach und ohne Angst gemeinsam mit Ihrem Team und den Kindern umzusetzen** und damit neue Erfahrungen anzustoßen. Ziel ist es, sich gemeinsam mit Kindern, dem Team und den Eltern auf den Weg zu machen, eine Einrichtung zu werden, bei der Medienbildung selbstverständlicher Bestandteil der alltäglichen pädagogischen Arbeit ist.

Das sollten Sie vorab bedenken

Wenn Sie Projekte mit digitalen Medien in der Kita durchführen möchten, bedeutet das eine **besondere Herausforderung** und es erfordert eine **gewissenhafte Vorbereitung,** um mögliche Vorbehalte von verschiedenen Seiten bereits im Vorfeld auszuräumen. Informieren Sie die Eltern im Vorfeld über die geplanten Projekte. Sprechen Sie im Team über Themen wie Datenschutz, z. B. Recht am eigenen Bild, Recht an der eigenen Stimme und das Urheberrecht bei der Verwendung von externen Materialien, wie Fotos oder Musik. Stimmen Sie sich im Team ab, wie welche Geräte für Projekte eingesetzt werden, wo welche Daten gespeichert werden, wer darauf Zugriff hat und was nach der Projektdurchführung mit den Daten und den entstandenen Produkten passieren soll. Beziehen Sie auch die Eltern in die **Diskussion um Datenschutz und die Verwendung der Daten** mit ein. Ein Beispielformular zum Einverständnis für Foto-, Video- und Audioprojekte finden Sie im Anhang. Wenn Sie an dieser Stelle bereits im Vorfeld transparent und offen mit dem Team und der Elternschaft kommunizieren, können Sie eine **hohe Akzeptanz für die Durchführung von Medienprojekten** erwarten.

Es muss klar werden, dass Kinder **nicht zum Konsumieren „verführt"** werden, sondern dass sie durch ihre eigene Kreativität **Selbstwirksamkeit erfahren** und durch die **Gruppenprozesse** wertvolle Fähigkeiten, wie lernmethodische Kompetenzen, erwerben. Mehr dazu erfahren Sie auf den folgenden Seiten.

Ihre Rolle der pädagogischen Begleitung

Als pädagogische Fachkraft müssen Sie sich fragen, wie Sie den Lernprozess begleiten möchten. In welchem Maße leiten Sie an und wie viel Raum geben Sie dem Experimentieren? Die **Balance zwischen einer notwendigen Struktur und der Möglichkeit, Freiräume zu schaffen,** in denen selbst gesteuert im Selbstlernprozess Erfahrungen gesammelt werden können, wird von Gruppe zu Gruppe unterschiedlich sein. Eine **Begegnung auf Augenhöhe** und offene, wertungsfreie Fragen und Kommunikation sollten dabei selbstverständlich sein.

Bei der Präsentation der Ergebnisse erfahren die Kinder **Anerkennung und Wertschätzung für Geleistetes.** Aus diesem Grund sollte bei der Präsentation vor anderen Kindern grundsätzlich darauf geachtet werden, dass die in der Einrichtung geltenden **Regeln des respektvollen Umgangs miteinander** eingehalten werden.

Vielleicht können die fertigen Produkte in einer Ausstellung oder auf einem Eltern-Kind-Nachmittag **den Eltern präsentiert werden.** Hier könnten die Kinder als Expert*innen ihre medialen Produkte vorstellen und den Prozess der Herstellung erklären. Sinnvollerweise sollten die medialen Produkte in die **Portfolioarbeit** einfließen, um die Erfahrung der Kinder zu dokumentieren.

Wie fangen wir an?

Bevor Sie in Ihrer Gruppe ein Projekt im Rahmen der Digitalisierung durchführen, sollten Sie **sich die folgenden Fragen stellen und beantworten:**

- Welche analogen Gegenstände und digitalen Geräte brauche ich?
- Mit welcher Altersgruppe und welcher Gruppengröße plane ich?
- Wie viel Zeit brauche ich?
- Wie viel Personal brauche ich?
- Welche Apps brauche ich und wie funktionieren sie?
- Welche Alternativen und Variationen für mein Projekt gibt es?
- Welche Probleme könnten bei der Durchführung entstehen und welche Lösungsmöglichkeiten gibt es?
- Welche Kompetenzen werden durch den Prozess des medienpädagogischen Arbeitens erworben?
- Wie können wir im Team und mit den Kindern das abgeschlossene Projekt reflektieren?
- Wie können oder müssen wir die Eltern in das Projekt einbinden?
- Wie können wir die Projektergebnisse präsentieren?
- Was passiert nach Projektabschluss mit den Projektergebnissen?

In der Beschreibung der Projekte in diesem Buch finden Sie die Angaben Gruppengröße, Material, Technik, Personal und Zeit beispielhaft aufgelistet.

Vor jedem Projekt sollten Sie die folgende Liste durchgehen, um einen reibungslosen Projektablauf zu ermöglichen:

- ❑ Alle Geräte funktionieren.
- ❑ Alle benötigten Kabel sind griffbereit.
- ❑ Alle Apps sind installiert und funktionieren.
- ❑ Alle Akkus sind geladen.
- ❑ Alle Speicherkarten sind leer.
- ❑ Ein Speicherort für das Projekt ist angelegt (je nach Geräteeinsatz auf dem Rechner oder dem Device).
- ❑ Falls benötigt: Musik, Bilder aus dem Internet oder aus anderen Vorlagen sind bereit.
- ❑ Ein Speicherort für Vorlagen ist angelegt (auf dem Rechner oder Device).
- ❑ Ich bin fit in Apps und Programmen.
- ❑ Ich weiß, wer bei akuten technischen (oder anderen) Problemen helfen kann.

Rahmenbedingungen für die Projektdurchführung

Merke!

Bevor Sie ein Projekt beginnen, sollten Sie mit den Kindern ausführlich über die Rahmenbedingungen sprechen und dabei folgende Punkte thematisieren:

- ✚ Technische Geräte können kaputtgehen und haben unseren Respekt verdient.
- ✚ Nicht für jedes Kind steht ein Gerät zur Verfügung. Die Devices werden abwechselnd genutzt.
- ✚ Alle Kinder dürfen und sollen sich vorab mit der Technik der Geräte vertraut machen. Dabei probieren sie die Geräte, Apps und Programme selbst aus.
- ✚ Nicht alles ist super oder ganz schlecht, nur weil die Kinder es selbst gemacht haben. Deshalb betrachten alle ihre eigenen Produkte (z. B. Fotos, Filme) mit einem kritischen Blick.

Regeln für den Umgang miteinander

Merke!

Sprechen Sie mit den Kindern gemeinsam Regeln für das Projekt ab und visualisieren Sie sie beispielsweise auf einem Plakat:

- ✚ Niemand schubst, besonders dann nicht, wenn gearbeitet wird.
- ✚ Alle behandeln die Geräte pfleglich.
- ✚ Alle gehen wertschätzend miteinander um.
- ✚ Alle haben das Recht, sich auszuprobieren.
- ✚ Alle kreativen Ideen werden gehört und ernst genommen.
- ✚ Wir alle verstehen uns als Team und arbeiten gemeinsam an einem Projekt.
- ✚ Alle hören sich gegenseitig zu und lassen andere aussprechen.
- ✚ Es geht nicht darum, der oder die Erste zu sein, sondern alle kommen dran.
- ✚ Wir alle nehmen uns die Zeit, die wir brauchen, und geben anderen die Zeit, die sie benötigen.
- ✚ Niemand lacht jemanden aus.
- ✚ Alle dürfen ihre eigene Meinung haben. Es gibt keine falsche Wahrnehmung!

Entwickeln Sie vor Beginn eines Projekts mit den Kindern auch **Qualitätskriterien für die Produkte.** Diese können folgendermaßen lauten:

- Das Bild ist scharf.
- Das Motiv ist gut belichtet.
- Der Ton rauscht nicht.
- Die Sprache ist zu verstehen.
- Das Video wackelt nicht.

Qualitätskriterien können in der gemeinsamen Arbeit mit den Kindern entwickelt werden, wenn Ergebnisse gemeinsam angeschaut oder angehört werden. Die **Reflexion über die Produkte** ist auch in der Arbeitsphase Teil der medienpädagogischen Arbeit!

Beziehen Sie die Kinder in die Vorbereitung des Projekts mit ein. Klären Sie sie altersgerecht über **Datenschutz, personenbezogene Daten, Privatsphäre und Datenmissbrauch** auf. Auch diese Aufklärung ist bereits Teil medienpädagogischer Arbeit

Die Eltern sollten Sie ebenfalls von Beginn an mit einbeziehen und **medienpädagogische Projekte transparent gestalten.** Insbesondere die Einhaltung von Datenschutzvorgaben ist für Eltern wichtig und erleichtert Ihnen die Projektarbeit. Die **Speicherung personenbezogener Daten,** wie Fotos und Videos von Kindern, auf digitalen Geräten einer Einrichtung ist der elterlichen Kontrolle entzogen und wird damit zu einem für Eltern hochsensiblen Bereich. Daher gilt: Informieren Sie die Eltern vor Projektbeginn ausführlich.

Urheberrecht, Datenschutz und Privatsphäre berücksichtigen

Für die Durchführung medienpädagogischer Projektarbeit ist die **„informierte Einwilligung" von Eltern und Kindern die datenschutzrechtliche Grundlage** laut DSGVO. Es ist deshalb wichtig, dass Sie die Erziehungsberechtigten und auch die Kinder (um deren Daten es ja geht) vor der Durchführung von Projekten über die Art und Weise informieren, welche Daten wie, auf welchen Geräten und wofür generiert und gespeichert werden.

Informationen für die Erziehungsberechtigten

Die folgenden Fragen sollten Sie vor der Projektdurchführung den Eltern eindeutig beantworten bzw. kommunizieren:

- Was wird gespeichert? – z. B. Fotos der Kinder
- Für welchen Zweck werden die Daten gespeichert? – z. B. Projekt zum Thema „Gefühle"
- Welche Geräte kommen zum Einsatz? – z. B. einrichtungseigene Tablets
- Was passiert mit den Daten? – z. B. Veröffentlichung im Rahmen einer Präsentation des Projekts auf einem Elternabend für die Eltern der beteiligten Kinder oder Weitergabe der Projektergebnisse an alle Kinder und deren Eltern oder Veröffentlichung der Projektergebnisse auf der Website der Einrichtung

Lassen Sie sich von den Eltern vor der Projektdurchführung schriftlich ihr Einverständnis geben. Ein Beispielformular für eine **Einverständniserklärung** finden Sie im Anhang (siehe S. 93).

Wenn Eltern die Zustimmung verweigern

Grundsätzlich gilt für die Durchführung medienpädagogischer Projekte: Auch Kinder, deren Eltern ihr Einverständnis für die Speicherung personenbezogener Daten nicht erteilt haben, können teilnehmen und sollten **nicht von einer Projektmitarbeit ausgeschlossen** werden. Dann ist es Ihre Aufgabe darauf zu achten, dass diese Kinder nicht auf Fotos, Videos oder Sprachaufnahmen zu sehen bzw. zu hören sind. Nach der Durchführung eines Projekts ist es wichtig, dass Sie alle Daten (Fotos, Videos, Sprachaufnahmen) der entsprechenden Kinder wieder von allen Geräten löschen.

Tipp: CC-Lizenz

Für die Verwendung von Fotos, Videos oder Audios in medienpädagogischen Projekten müssen Sie das Urheberrecht beachten. Wir empfehlen den Einsatz von Materialien unter CC-Lizenz (CC= Creative Commons).[23] Dahinter verbirgt sich eine gemeinnützige Organisation mit Sitz in den USA, die unterschiedliche Lizenzverträge entwickelt hat. Damit wird es Autor*innen ermöglicht, die Nutzungsrechte an ihren Werken der Öffentlichkeit mit unterschiedlichen Verwertungsmöglichkeiten zur Verfügung zu stellen. In der kreativen Arbeit ist es z.B. für die Verwendung von Musik in einem Filmprojekt wichtig, zu wissen, wie sie verwendet werden darf. Die Lizenzen reichen von „urheberrechtlich geschützt“ (= kein Kopieren oder Teilen erlaubt) über „verändern und veröffentlichen“ bis hin zu „frei verfügbar“ und damit auch kommerziell einsetzbar.

[23] Die Lizenzangaben finden Sie auf der Webseite von „Creative Commons Corporation“ auf Deutsch.
Eine gute deutsche Übersicht finden Sie auf dem Online-Portal „wb-web“ des Deutschen Instituts für Erwachsenenbildung/Leibniz Zentrum für Lebenslanges Lernen DIE, die als Open Educational Ressources (OER) zur Verfügung steht.

Praxisbeispiele Audio

Warum wir hören neu lernen müssen

Wenn wir uns auf den Hörsinn fokussieren, stärkt das die **auditive Wahrnehmung der Welt** und macht uns bewusst: „Wie klingt eigentlich meine Umgebung?". Wir alle nehmen ganz viele Geräusche und Sounds eher nebenbei und unbewusst wahr. Mit einem Audioprojekt wie einem Geräusche-Rätsel werden solche **alltäglichen Nebensächlichkeiten** jedoch stärker in unserem Bewusstsein verankert. Damit trainieren wir die **Orientierung** anhand des Klangs von und in unterschiedlichen Räumen und Situationen. Und wir üben die **Sensibilisierung für die Lautstärke** von Klängen und Geräuschen.

Entscheidend ist dabei auch die **emotionale Wirkung von Sounds:** Welches Geräusch hört sich für mich eigentlich schön an und warum? Welches klingt abstoßend, irritierend, gruselig und woher kommt dieses Gefühl bei mir? Kinder lernen ihre Umwelt durch eine bewusste Konzentration auf den Hörsinn anders kennen und – im **Transfer auf die eigene Mediennutzung,** die Sounds, Geräusche und Klänge von Medienproduktionen, wie Filmen und Hörspielen – besser einzuschätzen.

Neben der akustischen Wahrnehmung der eigenen Umwelt bieten Audioprojekte die **Auseinandersetzung mit der eigenen Identität.** Wie klingt eigentlich meine eigene Stimme? Lernpotenzial steckt damit auch in der Selbstwahrnehmung: Kinder lernen, mit dem Klang der eigenen Stimme umzugehen, sie zu „ertragen" und vielleicht sogar damit zu spielen.

Was Hören für Menschen bedeutet

Rund 80 Prozent unserer Weltwahrnehmung, also der Informationen aus unserer Umwelt, die im Gehirn verarbeitet werden, erfolgt über den **Sehsinn.** Der **Hörsinn,** die Wahrnehmung mit den Ohren, ist allerdings sehr viel leistungsstärker, sensibler und genauer. Im Vergleich zum Sehsinn können wir mit dem Hörsinn ca. **10-mal so viele verschiedene Informationen** wahrnehmen und voneinander unterscheiden. Zum Vergleich: Der Umfang des Sehsinns entspricht auf dem Klavier etwa einer Oktave, während der Hörsinn einen Umfang von zehn Oktaven hat. Wir können beispielsweise 400.000 unterschiedliche Töne hören. Töne sind physikalisch Schallwellen, die sich, je nach Frequenz (20 Hz = 20 Schwingungen pro Sekunde, 100 Hz = 100 Schwingungen pro Sekunde) durch die Luft bewegen. Zusätzlich zu dieser Differenziertheit von Wahrnehmungsinhalten können wir durch unsere zwei Ohren die Richtung bestimmen, aus der ein Geräusch kommt. Ein Ton von links erreicht das linke Ohr schneller als das rechte. Der Hörsinn erfüllt damit eine entscheidende Orientierungsfunktion für den Raum, in dem wir uns bewegen. Die Lautstärke von Geräuschen vermittelt uns beispielsweise eine Vorstellung für die Entfernung des Geräuschs und wir können entsprechend darauf reagieren. Durch die eigenen Erfahrungen, das **Lernen durchs Hören,** können wir Geräusche und Töne Geräuschquellen und damit einem bestimmten Kontext zuordnen. Dadurch werden für uns

Situationen allein durch die Orientierung am Klang, den Tönen und Geräuschen einschätzbar.

Wir drehen uns beispielsweise um, wenn jemand unseren Namen ruft, oder bewegen uns sogar in die Richtung des Tons. Insbesondere im Straßenverkehr ist diese Fähigkeit von entscheidender Bedeutung. Wir hören das Auto oder die Straßenbahn, bevor wir sie sehen, und können genau sagen, aus welcher Richtung die damit verbundene Gefahr beim Überqueren einer Straße kommt. Diese Fähigkeit war für Menschen **in der Steinzeit überlebenswichtig:** Sie konnten den Tiger hören, bevor sie ihn sahen. Sowohl die Richtung, aus der ein vermutlich lebensbedrohliches Geräusch kommt, als auch die Entfernung zum vermuteten Feind sind über den Hörsinn bestimmbar und ermöglichen die zielgerichtete Flucht zu einem wahrscheinlich sicheren Ort. Die „Alarmanlage" der Ohren funktioniert auch im Schlaf. Der Hörsinn schaltet seine Wahrnehmungsfunktion, anders als der Sehsinn, niemals ab.

Die auditive Wahrnehmung – was Klänge in uns auslösen

Töne und Geräusche haben eine **hohe emotionale Wirkung.** Musik löst bei uns starke Gefühle aus, unbekannte Geräusche machen neugierig, unangenehme Töne können dagegen Angst oder Aggressionen auslösen.

In den Bereichen **Marketing und Werbung** wird mit dieser emotionalen Wirkung von Tönen, Geräuschen und Sound gearbeitet und unsere Wahrnehmung manipuliert. Ein Keks muss sich besonders knackig anhören, eine Autotür hat einen ganz spezifischen Sound, der je nach Hersteller Exklusivität, Eleganz und Stärke ausdrückt, ein Herrenrasierer muss anders klingen als ein Damenrasierer. Die Wiedererkennbarkeit von Marken erfolgt über sehr eingängige Töne und Klangmuster, die wir nie wieder vergessen.

Die auditive Wahrnehmung ist darüber hinaus die **Voraussetzung für die verbale Kommunikation.** Auch hier ist unsere Erfahrung mit unterschiedlichen Stimmen entscheidend für die Orientierung. Kinder erkennen die Stimmen ihrer Eltern bereits im frühesten Kleinkindalter und nehmen daran die Situation und die über die Stimme transportierten emotionalen Inhalte wahr. Allein durch die Stimme wird die Orientierung in Situationen als angenehm (die Stimmen der Eltern), unangenehm (lautes Schreien) oder ängstigend (unbekannte, nicht zuzuordnende Geräusche) ermöglicht.

Zugleich probieren Kinder auch ihre eigene Stimme aus. Welche Wirkung erziele ich, wenn ich laut oder leise bin? Durch die Reaktion auf den emotionalen Einsatz der eigenen Stimme, die eigenen Töne, lernt das Kind, diese zielgerichtet einzusetzen.

Der Hörsinn ist entwicklungspsychologisch ein entscheidendes Signal, über das wir **Rückmeldung über unser Verhalten** bekommen und damit soziale Interaktionen lernen.

Welche Technik brauchen wir?

Um kleine Audioprojekte durchzuführen, brauchen Sie **relativ wenige technische Geräte.** Für kleine Experimente, wie das Geräuschesammeln unterwegs, reicht bereits ein Smartphone oder Tablet.

An alle Geräte können Sie auch **externe Mikrofone** anschließen. Oft ist es sinnvoll, ein sichtbares **externes Aufnahmegerät** zu haben, um das sich die Kinder, die gerade sprechen, gruppieren können. Sie können auch mit einem **Richtmikrofon** arbeiten. Dieses wird meist einfach an das Gerät gesteckt. Es ermöglicht die Einschränkung des Aufnahmebereichs: Geräusche lassen sich damit zielgerichteter aufnehmen und Hintergrundgeräusche werden stärker ausgeblendet. So können Sie Nebengeräusche und Rauschen reduzieren. Richtmikrofone gibt es ab ca. 50 €.

Als „professionelle" Alternative können Sie überlegen, ein **portables, digitales Aufnahmegerät** anzuschaffen, das mit Akkus überall einsatzfähig ist und direkt auf Speicherkarten aufnimmt. Solche Geräte bekommen Sie ab ca. 150 €. Zum gemeinsamen Anhören der Aufnahmen eignen sich Bluetooth-Boxen.

Zum Umgang mit der Technik

Bevor Sie ein Projekt durchführen, sollten Sie mit der Aufnahme-App des Tablets schon ein paar **Probeaufnahmen** machen. Die Sensibilität der Mikrofone von Tablets ist auf Sprache ausgelegt. Unter Umständen werden laute Geräusche extrem verzerrt aufgenommen, wenn das Mikrofon des Tablets zu nah an der Geräuschquelle ist, oder leise Geräusche werden fast nicht mehr hörbar. **Manche Geräusche sind sehr schwierig aufzunehmen,** z. B. der Wind. Deshalb sollten Sie vor dem Projekt testen, welcher Abstand für die unterschiedlichen Lautstärken von Geräuschen sinnvoll ist.

In der Aufnahme-App wird der Aufnahmepegel durch den Ausschlag sichtbar. Anhand dessen können Sie auch Kindern bei der Einführung in die Technik erklären, wann eine **Aufnahmequalität** gut ist und wann etwas zu laut oder zu leise für die App ist.

Je nach Qualität des eingebauten Mikrofons wird auch ein stärker oder weniger starkes **Rauschen** beim Abspielen der Aufnahmen hörbar. Dieses Rauschen ist je nach Aufnahme-App bereits

während der Aufnahme oder im Bearbeitungsmodus der App reduzierbar (Noise Reduction), sodass die Qualität der Aufnahme verbessert wird.

Das Gleiche gilt selbstverständlich auch für digitale Aufnahmegeräte. Hier wird der Pegel auf einem kleinen Display des Geräts angezeigt. Auch hier sollten Sie ein paar **Probeaufnahmen** machen, um die Entfernung zwischen Geräuschquelle und Aufnahmegerät optimal zu bestimmen. Für Sprachaufnahmen gilt hier die Grundregel: eine Handbreit zwischen Mund und Aufnahmegerät.

Die technischen Herausforderungen sind mit etwas Übung und vorbereitendem Experimentieren leicht zu bewältigen. Die entscheidende Herausforderung besteht für die Kinder darin, während einer Aufnahme wirklich leise zu sein. Auch wenn es sich nur um kurze Aufnahmezeiten handelt, finden Kinder immer etwas wichtig, was gerade dann erzählt werden muss. Hier helfen im **Vorfeld vereinbarte Regeln und Zeichen,** die klar signalisieren, wann eine Aufnahme startet und auch wieder endet. Sinnvoll ist es auch, für jede Aufnahme eine*n „Aufnahmeleiter*in" zu bestimmen, der oder die dann das verabredete Stille-Zeichen gibt.

Achtung!

Folgendes sollten Sie während der Aufnahme von Geräuschen im Blick haben und beachten:

- Hintergrund- und Nebengeräusche ausschalten
- mit den Kindern ein Stillezeichen verabreden
- Hall im Raum berücksichtigen
- Unterschiedliche Räume klingen unterschiedlich.
- ein Kind als Aufnahmeleiter*in bestimmen, das durch ein Zeichen Beginn und Ende der Aufzeichnung anzeigt
- Aufnahmedauer begrenzen, z. B. 20 Sekunden oder still bis fünf zählen.
- Aufnahmebenennung festlegen
- den Aufnahmepegel beobachten:
  - → Pegel in gerader Linie = Die Aufnahme ist zu leise.
  - → Pegel in einer ganz dicken Beule = Die Aufnahme ist extrem laut.
- Rauschen kann durch Noise Reduction reduziert werden.
- die Zeit im Blick haben

Übung zur Konzentration

Zur Einübung der Konzentration auf das Hören und die Wahrnehmung von Geräuschen können Sie eine Stille-Übung vorschalten. Dabei legen sich alle Kinder auf den Boden und schließen die Augen und den Mund. Alle **hören ganz bewusst** für eine bestimmte Zeit in den Raum hinein. Sobald ein Kind unruhig wird, ist die Konzentration gestört und die Übung sollte beendet werden.

Mit der Frage „Was habt ihr denn jetzt gehört, wo doch eigentlich nichts zu hören war?" werden die Kinder ermuntert, zu erzählen, was sie wahrgenommen haben. Die Ergebnisse reichen von „nichts" bis zu „Atmen", „den eigenen Bauch", „Vögel", „Jemand geht durch den Raum" usw. Möglicherweise kann die Übung wiederholt werden,

vielleicht an einem anderen Ort, z. B. im Außengelände oder im Waschraum. Auch unterschiedliche Umgebungen hören sich unterschiedlich an. Jeder Raum hat einen eigenen Klang.

Ergänzend zu der Stille-Übung, können Sie auch die folgenden Geräusche-Spiele zur Einstimmung anbieten.

Kleine Geräusche-Spiele zur Einstimmung

Ein Ding – viele Klänge

Die Kinder stehen im Kreis. Eines bekommt **ein Blatt Papier (DIN A4)** und erzeugt damit ein Geräusch. Dies tun reihum nun alle Kinder mit diesem Blatt Papier. Dabei sollte jeder Ton anders klingen. Wenn ein Geräusch erzeugt wurde, wird das Blatt im Uhrzeigerinn weitergegeben. Wichtig ist hierbei, dass alle Kinder möglichst leise sind und sich auf die Geräusche konzentrieren.

Hör-Kim

Bei Kim-Spielen geht es um Wahrnehmung und Merkfähigkeit. Mit ihnen werden Konzentration und Sinneswahrnehmung trainiert. Beim Hör-Kim werden **in Behältnissen, die blickdicht und verschließbar sind,** wie alte Filmdosen (z. B. aus Kellerfunden), gelbe Plastikeier oder Tablettendosen, **unterschiedliche Materialien** (z. B. trockene Reiskörner, Bohnen, Steinchen) gefüllt. Es werden je zwei Dosen mit den gleichen Gegenständen in gleicher Anzahl gefüllt. Wie beim Memo-Spiel müssen die Kinder die beiden gleich klingenden Dosen finden.

Lost in the Woods

Ein Kind bekommt die **Augen verbunden.** Alle anderen Kinder stellen sich wie ein lichter Wald (mit genügend Abstand zueinander, sodass eine Person zwischen ihnen durchgehen kann) auf. Das Kind mit den verbundenen Augen wird an ein Ende des Waldes gestellt. Ein anderes Kind stellt sich gegenüber an das andere Ende und ruft den Namen des Kindes mit den verbundenen Augen. Ziel ist es, dass das Kind mit den verbundenen Augen den „Wald“ der anderen Kinder ohne Berührung durchquert und sich dabei an Stimmen und Geräuschen orientiert. Der Wald ist währenddessen nicht ruhig. Die Kinder machen durchgängig z. B. Waldgeräusche, Dschungelgeräusche oder auch Baustellengeräusche. Hier ist Kreativität gefragt.

Das Geräusche-Rätsel

Alter: ab 3 Jahre

Gruppengröße: bis zu 15 Kinder (je nach Alter der Kinder und Anzahl der Geräte)

Ort: ein ruhiger Raum

Dauer: ca. 30 bis 45 Min., je nach Gruppengröße

Material:
+ 1 bis 2 Tablets oder Smartphones mit Audio-Aufnahme-App, z. B. Sprachmemos, Diktiergerät, Dolby On
+ 1 Kopfhörer pro Device
+ 1 Bluetooth-Box oder 1 Lautsprecher mit Audiokabel

Los geht's

Schritt 1: Geräusch suchen
Jedes Kind sucht sich in der Kita selbstständig ein Geräusch, das es gern aufnehmen möchte. Wichtig ist, dass Sie sich vor dem Aufnehmen jedes Geräusch gemeinsam ganz bewusst anhören.
Achten Sie dabei auf Folgendes:
+ Handelt es sich um ein sehr leises oder ein sehr lautes Geräusch? Was bedeutet das für die Aufnahme?
+ Sind Umgebungsgeräusche hörbar?
+ Falls ja: Kann das Geräusch an einem anderen Ort aufgenommen werden?
+ Falls nicht: Wie können Umgebungsgeräusche reduziert werden?
+ Gibt es unterschiedliche Geräusche, die der Gegenstand machen kann?
+ Treffen Sie mit jedem Kind einzeln die Entscheidung für ein Geräusch.

Schritt 2: Geräusch aufnehmen
Jedes Kind nimmt das eigene Geräusch selbst auf. Achten Sie darauf, dass es während der Aufnahme möglichst leise ist, möglicherweise unterstützt durch eine*n Aufnahmeleiter*in (siehe S. 46).
Wichtig: Nach der Aufnahme speichert das Kind seine Aufnahme.

Schritt 3: Aufnahme benennen
Das ist Ihre Aufgabe: Benennen Sie die Aufnahme eindeutig und löschen Sie alle misslungenen Versuche. Gehen Sie für die Benennung immer nach dem gleichen Muster vor (z. B. Kindername_Geräusch_01).

Schritt 4: Geräusch präsentieren
Lassen Sie anschließend jedes Kind das eigene Geräusch abspielen. Ermuntern Sie die Kinder, zu raten, welcher Gegenstand das Geräusch gemacht hat. Ergänzend können die Kinder benennen, wo sich dieser Gegenstand in der Einrichtung befindet. Machen Sie beim Anhören darauf aufmerksam, wie unterschiedlich manche Räume klingen.
Beispiel: Das Wasser aus dem Wasserhahn im Waschraum hat mehr Hall als der Steckstein, der auf einen Teppich fällt.

Variante

Die aufgenommenen Geräusche können mit Fotos oder kleinen Videosequenzen der Geräuschquelle bebildert werden. Dafür kann die Kamera-App auf dem Tablet verwendet werden und die Bilder bzw. Videos sollten unter dem gleichen Namen wie das Geräusch gespeichert werden.
Aus den Geräuschen und den dazugehörigen Bildern lässt sich mithilfe einer Präsentationssoftware ein Quiz, z. B. für die Eltern, auf dem PC gestalten. Mit der Frage: „Wie gut kennt ihr unsere Kita?“ können die Kinder ein solches Quiz beispielsweise bei einem Eltern-Kind-Nachmittag präsentieren.

Reflexion

Die Reflexion beim Anhören der Geräusche im Anschluss an die Aufnahme sollte auf zwei Ebenen geschehen.

1. Ebene: Geräusche im Raum erkennen und räumliche Orientierung
- Wo wurde das Geräusch aufgenommen?
- Was für ein Raum ist das?
- Wie klingt das Geräusch in diesem Raum?
- Gibt es weitere Geräusche, die der Gegenstand machen könnte?

2. Ebene: Emotionale und situative Wahrnehmung
- Wann hören wir im Alltag dieses Geräusch?
- Mit welcher Situation verbinden wir das Geräusch?
- Was tun wir normalerweise, bevor wir das Geräusch hören bzw. direkt danach?

Ist es ein angenehmes oder ein unangenehmes Gefühl, das mit dieser Situation verbunden ist?
Wenn die Kinder von Situationen erzählen, die mit dem Geräusch verbunden sind, reflektieren sie ihr eigenes Verhalten im Zusammensein in der Kita. Auch allgemeingültige Regeln (z. B. nicht drängeln und schubsen beim Anstehen, nicht durcheinanderreden beim Morgenkreis) können so reflektiert werden und über einen anderen Kanal ins Bewusstsein der Kinder gelangen.

Kompetenzen

Diese Kompetenzen werden bei dem Geräusche-Rätsel gefördert

- bewusste Wahrnehmung der alltäglichen Umgebung
- Konzentration auf das Zuhören
- neues Kennenlernen von Räumen und Gegenständen des Alltags
- räumliche Orientierung
- emotionale Kompetenz bezogen auf Verhaltensweisen und deren Kontextualisierung
- emotionale Kompetenz bezogen auf die Wirkung von Tönen, Sound und Klang
- Kreativität
- technische Kompetenzen bei der Bedienung von Aufnahmegeräten/Apps
- (selbst-)kritisches Bewusstsein und ästhetisches Empfinden

Wir machen unser eigenes Hörspiel

Alter: ab 5 Jahren

Gruppengröße: bis ca. 5 Kinder

Ort: ein akustisch gut gedämmter Raum mit wenig Hall

Dauer: ein Vormittag oder mehrere kürzere Termine

Material:

- 1 Laptop mit Audioschnittsoftware, z. B. Audacity oder Soundtrap, oder 1 Tablet mit Audiobearbeitungs-App, z. B. Hokusai
- 1 digitales Aufnahmegerät oder 1 Tablet mit Aufnahme-App
- 1 Bluetooth-Box oder 1 Lautsprecher mit Audiokabel
- 1 Kopfhörer pro Device
- Papier und Stifte, ggf. Whiteboard oder Flipchart
- kopierte Vorlage „Storyboard" (siehe S. 92)
- CD-Brenner
- CD-Rohlinge mit Hüllen

Vorwissen: Die Kinder sollten am besten schon das Geräusche-Rätsel (siehe S. 48) mitgemacht haben. Dadurch kennen sie bereits die Aufnahme-App und können damit umgehen. Außerdem ist ihnen die besondere Situation, die Audio-Aufnahmen erfordern, vertraut: nämlich die absolute Stille und das fokussierte Zuhören.

Gut zu wissen

- *Ein Hörspiel mit Kindern im Kita-Alter zu produzieren, erfordert etwas Übung im Umgang mit der Technik. Sie sollten sich mit dem Aufnahmegerät und der App zum Bearbeiten oder dem Programm zum Schneiden gut auskennen.*
- *Für Kinder bedeutet es zudem eine besondere Herausforderung für die Konzentration. Nicht alle sind die ganze Zeit aktiv beteiligt und nehmen auf, sondern müssen auch zuhören und gleichzeitig leise sein.*
- *Es ist wichtig, dass alle immer dabei sind, um den Fortgang der Hörgeschichte mitverfolgen und sich mit Ideen beteiligen zu können. Aus diesem Grund sollten Sie vorher überlegen, ob das Hörspielprojekt an mehreren kleinen Terminen realisiert werden kann.*
- *Entscheidend ist eine angstfreie, entspannte Atmosphäre: Für Kinder darf die Aufnahme der eigenen Sprache nicht zu einer unangenehmen Situation werden, in der sie das Gefühl haben, sie müssten sofort funktionieren. Kinder dürfen sich bei der Aufnahme versprechen! Es sollte für alle klar sein, dass eine einzelne Aufnahme beliebig oft wiederholt werden kann, bis alle damit zufrieden sind. Manchmal entstehen dabei auch sehr lustige Aufnahmen, die vielleicht sogar im digitalen Portfolio der Kinder gespeichert werden können. Die Produktion eines Hörspiels ist ein spannender Prozess, der für alle auch ein Erlebnis sein soll, das Spaß macht.*

Einführung Kinder lieben Geschichten und erzählen gerne Erlebtes oder Erfundenes. Auch besondere Geschichten, die sie im Fernsehen gesehen oder als Hörspiel gehört haben, werden nacherzählt und nachgespielt. Diese Lust am Erzählen wird mit der Idee aufgegriffen, ein eigenes Hörspiel zu machen. Dabei geht es darum, sich gemeinsam auf eine Idee zu einigen und diese zu einer Geschichte mit unterschiedlichen Figuren werden zu lassen. Sobald die Geschichte steht, geht es an die Produktion. Mithilfe von Aufnahmegerät und Laptop oder Tablet wird die eigene Geschichte in ein Hörspiel verwandelt, gespeichert und ist immer wieder anhörbar.

Los geht's

Schritt 1: Geschichten erzählen

Was sind eigentlich Geschichten?
Um den kreativen Prozess der Entwicklung einer eigenen Geschichte anzustoßen, bitten Sie die Kinder, etwas zu erzählen. Das kann ein Erlebnis sein, ein Lieblingsbuch oder die Folge einer Serie. Sie können auch eine Geschichte vorlesen.
Anhand der Erzählungen können Sie gemeinsam mit den Kindern die narrative Struktur von Geschichten erarbeiten: Anfang (Wer? Wo? Was?), Hauptteil (Etwas passiert, es gibt ein Problem, es wird spannend.) und Schluss (Das Problem ist gelöst und alle sind glücklich.).

Schritt 2: Themen sammeln und Plot entwickeln

Worum soll es in der Geschichte gehen? Lassen Sie die Kinder eigene Ideen äußern und sammeln und notieren Sie diese. Mit größeren Kindern können Sie über die Auswahl der Ideen abstimmen. Daraus ergeben sich das Genre (z. B. Superheldengeschichte, Detektivgeschichte, Gruselgeschichte) und das erste grobe Gerüst für die Geschichte. Sie können auch beispielhaft unterschiedliche Arten von Geschichten erzählen, um den Begriff „Genre" für die Kinder nachvollziehbarer zu machen (Märchen – Prinzessinnen/Prinzen, Königinnen/Könige, Abenteuer – Pirat*innen, Superheld*innen, Grusel – Gespenster und Monster).

Schritt 3: Figuren herausarbeiten

Die Figuren der Geschichte brauchen ein Gesicht bzw. unterschiedliche Charaktere und Eigenschaften. Wichtig ist, dass jedes Kind eine eigene Figur bzw. Rolle bekommt. Nachdem sie sich diese, passend zur Geschichte, ausgedacht haben, malen die Kinder ihre Figuren, wie sie sie sich vorstellen (roter Drache, kleiner, dicker Mann, ängstlicher Hund, starkes Mädchen etc.). Manchmal müssen diese Figuren auch gar nicht zur Geschichte passen. So entstehen witzige Wendungen, wenn beispielsweise das Einhorn bei den Superheld*innen mitspielen will.

Schritt 4: Handlung und Storyboard entwerfen
Erarbeiten Sie mit den Kindern schrittweise die Handlung der Geschichte. Durch gezielte Fragen entsteht diese: Wo befinden sich die Figuren zu Anfang der Geschichte? Was passiert Ungewöhnliches? Was würde deine Figur in dieser Situation sagen oder tun?
Halten Sie die Szenen der Geschichte in der Storyboard-Vorlage fest. Das Storyboard und die gemalten Bilder der Figuren können für alle sichtbar aufgehängt werden.

Schritt 5: Titel finden
Überlegen Sie gemeinsam mit den Kindern einen Titel für die Geschichte (z. B. „Das dicke Einhorn und die Reise zur Mondfee"). Lassen Sie ein Kind oder mehrere den Titel einsprechen und nehmen Sie diesen direkt mit dem Tablet oder dem Aufnahmegerät auf. Das ist die erste Aufnahme für das eigene Hörspiel und damit für die Kinder ein entscheidender Moment, weil jetzt die Geschichte hörbar wird. Direkt danach nehmen Sie die Namen der Kinder auf und die Rolle, die sie spielen (z. B. „Ich bin Karl und spiele das dicke Einhorn."). Der Vorspann für das Hörspiel ist damit fertig. Speichern Sie die Aufnahmen.

Schritt 6: Sprachaufnahmen
Nehmen Sie die Sprachaufnahmen Szene für Szene nacheinander auf, wie es im Storyboard vorgesehen ist. Achten Sie dabei darauf, dass pro Aufnahme nur ein Kind spricht. Überlegen Sie gemeinsam mit den Kindern, welche Figur als nächste dran ist und was sie sagen soll. Ein Satz kann auch vor dem Aufnehmen geübt werden. Aufnahmen können grundsätzlich unzählig oft wiederholt werden. Löschen Sie am besten die ungeeigneten Aufnahmen direkt.

Schritt 7: Geräusche aufnehmen
Um ein Hörspiel spannend zu machen, sollte es Geräusche geben. Fragen Sie die Kinder: Welches Geräusch braucht diese Szene? Was ist zu hören, wenn es z. B. draußen dunkel ist?
Probieren Sie gemeinsam aus, wie unterschiedliche Geräusche erzeugt werden können. Hilfreich ist es, wenn Sie sich „Rezepte" für Geräusche aufschreiben, z. B. Lagerfeuer: Stöckchenzerbrechen und Plastiktüterascheln miteinander kombinieren.
Lassen Sie die Kinder die Geräusche aufnehmen. (Hier ist die Erfahrung aus dem Geräusche-Rätsel auf S. 48 hilfreich). Speichern Sie die Aufnahmen und benennen Sie sie.

Schritt 8: Alles zusammenfügen und bearbeiten
Zum Schluss schneiden Sie die Sprachaufnahmen passend hintereinander. Im besten Fall sind die Kinder auch dabei, hören kritisch und bewusst zu und beurteilen, was wie am besten klingt. Löschen Sie störende Töne und legen Sie die Geräusche unter die Sprachaufnahmen. Speichern Sie das fertige Hörspiel und hören Sie es gemeinsam mit den Kindern an.

Die Präsentation

Für die anschließende Präsentation des Hörspiels können z. B. die Eltern zu einem Eltern-Kind-Nachmittag eingeladen werden. Die Kinder können Plakate zu ihrem Hörspiel malen und ein CD-Cover gestalten. Dann hören alle gemeinsam das Hörspiel und schauen sich die gemalten Bilder der Figuren an. Jedes Kind sollte das Hörspiel auf einer CD bekommen, alternativ auf einem USB-Stick. Falls Ihre Einrichtung mit einer Cloud im Datenaustausch mit den Eltern ist, dann lässt sich ein Hörspiel auch darüber an die Familien verteilen.

Reflexion

Bei der anschließenden Reflexion können Sie die folgenden Aspekte ansprechen:

- Wie sind Geschichten aufgebaut? Einleitung/Orientierung – Komplikation – Auflösung – Ende
- Wie wird ein Konflikt gelöst? Interaktion – Gespräch – Überzeugung
- Gewinnt jemand und verliert jemand? Wer? Warum? – Einordnung in Gut und Böse
- Welche Arten von Geschichten lieben wir? Was tut uns gut? – emotionale Qualität
- Wie klingen die Figuren? – Stimmlage, Sprache und Ausdruck und damit erkennbare Einordnung von Gut und Böse
- Wer will ich eigentlich sein und wie bin ich? – Selbstreflexion anhand der gespielten Figur
- Wie klingen unterschiedliche Räume/Orte? – Manipulation durch Geräusche und Effekte

Diese Kompetenzen werden bei der Gestaltung des Hörspiels gefördert

- Sprachkompetenz
- Selbstwahrnehmung über die eigene Stimme
- kommunikative Kompetenz und die Empathie für andere Personen
- Vorstellungsvermögen für das Handeln unterschiedlicher Charaktere
- emotionale Kompetenz bezogen auf sprachliche Kommunikation
- emotionale Kompetenz bezogen auf die Wirkung von Tönen, Sound und Klang
- Identifikation mit einzelnen Figuren im spielerischen Sinn
- Selbstwirksamkeit
- (selbst-)kritisches Bewusstsein und ästhetisches Empfinden

Praxisbeispiele Foto und Video

Das Bild als Ausschnitt der Realität

Beim Blick durch die Kameralinse nehmen wir nur (noch) einen **Ausschnitt unserer Umgebung** wahr, nämlich den, auf den die Kamera gerichtet ist. Damit ist es zugleich möglich, Dinge sichtbar zu machen, die sonst nicht bewusst wahrgenommen werden. Durch den veränderten Bildausschnitt können wir **zielgerichtet und bewusst den Blick des späteren Betrachters oder der Betrachterin auf alltägliche Dinge lenken,** die sie nicht mehr bewusst wahrnehmen. Oder wir können ganz gezielt auf Dinge aufmerksam machen, die normalerweise gar nicht gesehen werden, weil sie dem alltäglichen Blick verborgen sind. Auch das Spielen mit unterschiedlichen Perspektiven ermöglicht einen anderen, neuen und vielleicht erweiterten Zugang zu unserer gewohnten Umgebung. Im erweiterten Sinn ist das eine gute Übung, um einen neuen Blickwinkel einzunehmen und damit das Gewohnte neu bewerten zu können.

Auf die Perspektive kommt es an

Gerade im Hinblick auf eine Welt, deren Bedingungen sich immer schneller transformieren durch technologische Entwicklungen, ist es besonders wichtig, Kindern bereits im Vorschulalter beizubringen, dass es immer verschiedene Perspektiven gibt, die Welt wahrzunehmen. Je nach Standpunkt des Betrachters bzw. der Betrachterin können Dinge und Gegenstände (und damit auch Meinungen, Haltungen, Überzeugungen etc.) **ganz riesengroß oder ganz winzig klein** wirken oder sein. Andere Dinge fallen vielleicht sogar gar niemandem auf und gehen unter. Sobald aber der Bildausschnitt geändert wird (= mein Blick auf die Welt und die Dinge, die ich durch die Kameralinse für andere sichtbar mache), indem ich einfach einen Schritt zur Seite trete oder nach hinten, verändert sich auch plötzlich mein Bildausschnitt der Welt und das, was ich sehe, bekommt möglicherweise eine ganz neue Bedeutung. Und indem ich diesen Blick festhalte, also durch den Druck auf den Auslöser das Bild speichere, wird diese veränderte Perspektive, der andere Bildausschnitt auch zu einer Aussage, durch die ich etwas über meine Wahrnehmung der Welt und der Dinge erzähle.

© Sunny studio – Shutterstock.com

Die Perspektive der Kinder auf die Welt

Kinder haben **grundsätzlich eine andere Perspektive** auf die Welt als Erwachsene. Kinder sind klein, Erwachsene sind groß. Für Erwachsene heißt das, dass sie, um Kindern auf Augenhöhe zu begegnen, immer in die Hocke gehen müssen. Durch den jeweiligen Blick durch die Kameralinse und das Fotografieren wird diese unterschiedliche Perspektive sichtbar. Um Kindern die Perspektiven und ihre unterschiedliche Wirkung zu erklären, eignet sich eine kleine Übung. Dabei ist der Effekt am größten, wenn ein Beamer oder Bildschirm an das Tablet angeschlossen ist, der das Bild „live“ auf eine große Leinwand bzw. Wand überträgt.

Perspektiven und ihre Wirkung

Machen Sie gemeinsam mit den Kindern Fotos aus folgenden verschiedenen Perspektiven, um deren Wirkung zu begreifen:

Froschperspektive: Platzieren Sie die Kamera bei den Füßen eines Kindes und richten Sie diese von unten auf das Kind. Sprechen Sie gemeinsam über die Wirkung: Das Kind wirkt plötzlich riesengroß und bedrohlich, möglicherweise auch verzerrt.

Vogelperspektive: Richten Sie die Kamera senkrecht von oben auf das Kind. Um die Wirkung zu verstärken, können Sie die Höhe steigern, indem Sie auf einen Stuhl steigen und die Kamera über das Kind halten. Schauen Sie auch hier wieder gemeinsam das Bild an und tauschen Sie sich miteinander über die Wirkung aus: Dasselbe Kind wirkt jetzt klein, vielleicht sogar ängstlich und verlassen.

Normalperspektive/Zentralperspektive: Ein Kind stellt sich vor ein anderes und betrachtet das Gesicht durch die Kamera. Das entspricht der gewöhnlichen Wahrnehmung, bildet also das Gesicht so ab, wie es von anderen Kindern gesehen wird. Gerade beim Fotografieren von Personen bedeutet die Normalperspektive, dem Gegenüber auf Augenhöhe zu begegnen.

Die Einstellung als Bildaussage

Bei den Einstellungen handelt es sich um den Bildausschnitt. Hierbei geht es um die **Entfernung der Kamera zum Objekt.**

Die Wahl der Einstellung ist entscheidend für die **Aussage, die das Bild transportieren soll.** Bevor wir ein Foto oder Video machen, müssen wir uns überlegen: Was möchten wir damit erzählen? Erzählen wir eine Geschichte über einen Raum oder einen Ort, an dem bestimmte Dinge passieren oder erlebt werden können? (Einstellung: **Halbtotale oder Totale** = z. B. eine Landschaft, eine ganze Stadt) Wollen wir beispielsweise eine Geschichte über eine Person erzählen, die gerade etwas tut oder erlebt? (Einstellung: **Halbnahaufnahme oder Halbtotale** = z. B. eine oder mehrere Personen bei ihrer Tätigkeit) Oder möchten wir lieber eine Geschichte darüber erzählen, wie es der Person gerade geht? (Einstellung: **Nahaufnahme, Großaufnahme oder Detailaufnahme** = nur das Gesicht einer Person) Wollen wir mit unserem Foto oder Video etwas Wichtiges über einen Gegenstand erzählen? Etwa wie er aussieht oder funktioniert? (Einstellung: **Detailaufnahme** = z. B. Buntstiftspitze)

Einstellungen und ihre Wirkung

Auch dazu können Sie mit den Kindern eine kleine Übung vorschalten. Machen Sie mit ihnen **Fotos mit den verschiedenen Einstellungen, um deren Wirkung zu verstehen:**

Stellen Sie einen Gegenstand, z. B. ein Spielzeugauto oder eine Figur, auf einen Tisch. Die Kinder gehen mit der Kamera an das andere Ende des Raums und schauen den Gegenstand durch die Kamera an und machen ein Foto oder Sie übertragen es gleich per Beamer auf eine (Lein-)Wand. Dann gehen die Kinder zwei Schritte auf den Gegenstand zu und machen wieder ein Foto usw., bis sie schließlich direkt vor dem Tisch mit dem Gegenstand ankommen und das letzte Foto machen. Dabei lautet die Frage zu jeder Einstellung: **Was ist auf dem Bild zu sehen?**

Je weiter weg der Gegenstand ist, umso weniger ist er zu erkennen, dafür ist viel mehr anderes auf dem Bild zu sehen. Je näher die Kamera dem Gegenstand kommt, umso deutlicher wird der Gegenstand und umso weniger ist sonst auf dem Bild zu sehen.

Überlegungen vor einem Foto- oder Videoprojekt

Der richtige Ort bzw. Raum für das Projekt

Überlegen Sie, wo das Projekt durchgeführt werden soll. Der Ort sollte **nur von den am Projekt beteiligten Kindern** betreten werden (Datenschutz und Persönlichkeitsrechte).

Der Ort sollte ausreichend hell sein, **am besten mit Tageslicht,** damit die Kamera genügend Licht in die Linse bekommt.

Persönlichkeitsrechte und Datenschutz

Beachten Sie immer den **Datenschutz** und die **Persönlichkeitsrechte** (siehe S. 41 und S. 93 im Anhang). Wichtig ist, dass Sie die Kinder immer selbst fragen, ob sie fotografiert werden wollen – unabhängig davon, wer die Bilder macht.

Projektergebnisse und Präsentation

Überlegen Sie vor der Projektdurchführung, **was mit den Ergebnissen geschehen soll.** Werden alle Bilder ausschließlich in den digitalen Portfolios der Kinder gespeichert? Gibt es eine interne Präsentation? Bekommen die Eltern die Fotos/Videos in digitaler Form, z. B. auf einer DVD? Falls ja, alle Bilder oder nur die Ergebnisse, auf denen die eigenen Kinder zu sehen sind? Was bedeutet eine Auswahl an zeitlicher Mehrbelastung für Sie? Werden die Bilder in einer Ausstellung bzw. die Videos in einer Kinoveranstaltung einer größeren Öffentlich-

keit präsentiert? Sind die Fotos auf der Website oder auf anderen Plattformen der Einrichtung öffentlich zu sehen?

Je nach weiterer Verwendung sind unterschiedliche **Einverständniserklärungen der Eltern** zum Datenschutz notwendig (siehe S. 93).

Besondere Regeln für Foto/Videoprojekte

Legen Sie vor dem Projekt mit den Kindern **gemeinsam Regeln zum Fotografieren und Filmen** fest, damit alle selbstständig ihre Aufnahmen machen können.

- Orte festlegen, an denen fotografiert wird
- nicht blind drauflosfotografieren
- Anzahl der Motive und Themen vorher festlegen
- niemanden gegen seinen Willen fotografieren
- sich beim Fotografieren Zeit lassen
- andere während des Fotografierens nicht behindern
- einen Zeitraum festlegen

Tipps zum Fotografieren und Filmen

Geben Sie den Kindern Tipps, worauf sie beim Fotografieren bzw. Filmen achten sollen. Zeigen Sie den Kindern z. B. den Effekt „Gegenlicht" und lassen Sie die Kinder benennen, was sie sehen bzw. nicht sehen. Führen Sie z. B. einen wackeligen Standpunkt vor.

- nie gegen das Licht fotografieren
- keine schnellen Bewegungen mit der Kamera machen
- Kamera mit beiden Händen stabil und ruhig halten
- sich einen guten Standpunkt suchen
- keine Finger vor das Objektiv
- bei Digitalkameras immer die Automatik-Einstellung verwenden

Profi-Tipps für Sie

- Bei Kamera-Apps kann der Fokus (automatische Schärfe und Belichtung) meist durch Tippen auf das Display und die Positionierung des Rahmens verschoben werden.
- Schärfe- und Belichtungseinstellungen können bei Kamera-Apps durch längeres Getippt-Halten auf das Auswahlrechteck gespeichert werden.

Zum Umgang mit der Technik

Erklären Sie den Kindern zunächst die Technik der Geräte und worauf beim Fotografieren zu achten ist:

- Wie funktioniert eine Digitalkamera? Und wie ein Tablet?
- Wie geht man damit um?
- Wie macht man ein scharfes Foto?
- Wie kann man sich das gemachte Foto wieder anschauen? Wo findet man es?
- Wie stellt man das Gerät ein, sodass man nur ein Foto auf einmal aufnimmt?
- Wie überprüft man, ob man ein Foto gemacht hat?

Um sicherzustellen, dass alle Kinder selbstständig mit dem Gerät umgehen können, sollten einige Probefotos gemacht werden.

Ich sehe was, was du nicht siehst

Alter: ab 3 Jahren

Gruppengröße: bis zu 10 Kinder

Ort: verschiedene Orte in der Kita

Dauer: ca. 1 bis 2 Stunden, je nach Gruppengröße

Material:

- 2 Digitalkameras oder 2 Tablets mit vorinstallierten Kamera-Apps (alternativ: je 1 Digitalkamera oder 1 Tablet → Dann gehen die Gruppen nacheinander auf Foto-Suche.)
- 2 Laptops (falls mit Digitalkamera gearbeitet wird)
- ggf. 1 Beamer mit Kabel zum Übertragen des Bildes vom Tablet/Laptop
- ggf. 1 Leinwand oder 1 weiße Wand
- 1 weitere pädagogische Fachkraft

Los geht's

Schritt 1: Gruppeneinteilung und Aufgabenstellung

Teilen Sie die Großgruppe in zwei Kleingruppen auf und weisen Sie den Gruppen unterschiedliche Räumlichkeiten zu (z. B. draußen – drinnen, rote Gruppe – blaue Gruppe, oben – unten). Legen Sie eine Zeit für das erneute Treffen in der Großgruppe fest, z. B. nach 45 Minuten. Jede Gruppe wird von einer pädagogischen Fachkraft begleitet, die auch die Zeit im Blick behält.

Bitten Sie die Kinder, sich zunächst bewusst und ohne Kamera bzw. Tablet im Raum umzuschauen: „Stellt euch vor, ihr seid Forscherinnen und Forscher und betretet einen Raum zum ersten Mal. Schaut euch genau um. Guckt in alle Ecken. Hebt Dinge hoch, schaut darunter, steigt auf einen Stuhl und guckt euch den Raum von oben an. Legt euch auf den Boden und schaut an die Decke und guckt euch alles, was im Raum steht, von unten an. Sucht euch einen spannenden Gegenstand oder ein tolles Motiv aus, das euch gefällt." Sie sollten als Ansprechperson in der Nähe sein und darauf achten, dass Bereiche mit Gefahrenquellen vermieden und andere Gruppen nicht gestört werden. Sollte ein Kind nicht wissen, was es fotografieren soll, können Sie es durch gezielte Fragen motivieren.

Schritt 2: Fotografieren

Nacheinander bekommt jedes Kind die Kamera bzw. das Tablet in die Hand, um ein Foto zu machen. Achten Sie darauf, dass der ausgewählte Gegenstand aus unterschiedlichen Perspektiven und in unterschiedlichen Einstellungen aufgenommen werden kann. Suchen Sie gemeinsam mit den Kindern eine Perspektive und die beste Einstellung aus. Evtl. können auch Gegenstände aus verschiedenen Perspektiven und Einstellungen aufgenommen und die Bilder verglichen werden. Dabei hat ein Kind das Tablet bzw. die Kamera in der Hand, aber die anderen Kinder können Tipps geben und schauen mit.

Wenn jedes Kind ein Foto (oder gleich mehrere) gemacht hat, kehren sie pünktlich in die Großgruppe zurück.

Schritt 3: Sichtung des Materials und Präsentation

Schauen Sie sich in der Kleingruppe die Fotos gemeinsam an und überlegen Sie mit den Kindern, welche Fotos präsentiert werden. Dann präsentieren die Kinder ihre Fotos in der Großgruppe und alle anderen dürfen raten, wo sich das fotografierte Objekt befindet.

Reflexion

Durch offene Fragen können Kinder unterstützt werden, sich ihrer Handlungen bewusst zu werden und selbst Geleistetes wertzuschätzen, z. B.:

- Warum hast du dieses Motiv aufgenommen?
- Was gefällt dir daran?
- Was verbindest du damit?
- Was ist dir dabei aufgefallen?
- Was war schwierig?
- Die fotografierten Orte können auch besichtigt werden. Sehen die genauso aus wie auf dem Foto? Wenn eine besondere Perspektive und/oder Einstellung eingenommen wird, sehen Gegenstände plötzlich anders aus und bekommen sogar eine neue Größendimension.

Durch diese Art der Achtsamkeit wird im Idealfall die Einrichtung neu wahrgenommen und die Kinder werden sich ihrer Umgebung und der Welt um sich herum bewusster.

Diese Kompetenzen werden bei einem Fotoprojekt gefördert

- Feinmotorik
- Konzentrationsfähigkeit
- bewusste Wahrnehmung und der neugierige Blick auf die eigene Umwelt
- Reflexion der eigenen Umwelt und der eigenen Gewohnheiten
- bewusster und kritischer Blick auf die Umwelt und den Umgang damit
- Selbstvertrauen in eigene Fähigkeiten
- Erkennen von Fotografie als kreativem Gestaltungs- und kommunikativem Ausdrucksmittel
- Selbstwirksamkeit

Varianten

Kleine Dinge ganz groß

Durch die Detailaufnahme (Extreme Close-up) werden **Gegenstände bzw. Objekte aus ihrem Kontext herausgelöst.** Es ist nur noch ein kleiner Ausschnitt sichtbar, aber unter Umständen lässt sich nicht mehr einordnen, wozu das Detail gehört. Dadurch kann die Einstellung beim Betrachten eines Bildes einen verfremdenden oder irritierenden Eindruck auslösen. Das Bild eines alltäglichen Gegenstands wird dann vielleicht interessant, kann aber auch abstoßend oder sogar erschreckend wirken. In Filmen wird die Einstellung wegen der jeweils beabsichtigten Wirkung genau zu diesem Zweck eingesetzt.

Kleine Dinge können auf unterschiedliche Weise „groß gemacht“ werden. Dafür können Sie die Zoom-Funktion der Kamera benutzen oder möglichst nah mit der Kamera an einen Gegenstand herangehen. In dem Zusammenhang können Sie den Kindern die Zoom-Funktion bei Tablets und Digitalkameras erklären. Bei der Zoom-Funktion wird die Bildstabilität der Kamera stark eingeschränkt, was bei Kindern leichter zu verwackelten Aufnahmen führen kann. Die Herausforderung beim Nah-Herangehen besteht darin, dass der Gegenstand von der Kameralinse noch scharf im Sucher dargestellt sein muss. Dabei stellen die Kinder schnell fest, dass die Kamera nicht bis direkt an ein Objekt herangehen kann, weil dann die Technik der Fokussierung versagt. Hier lässt sich durch Ausprobieren der Abstand für die schärfste und zugleich detaillierteste Aufnahme eines Gegenstands ganz gut herausfinden. Außerdem wird damit für die Kinder auch im wörtlichen Sinn erfahrbar, dass sich das Objektiv der Kamera (oder des Tablets) an einer anderen Stelle des Geräts befindet, als es durch den Blick auf das Display scheint.

Für ein Suchspiel mit zwei Gruppen eignen sich die Detailbilder hervorragend, um in einer Art Quiz die jeweils andere Gruppe raten zu lassen, zu welchem Gegenstand der abgebildete Bildausschnitt gehört oder wo er sich befindet. Durch eine Projektion mit dem Beamer auf eine große Wand haben die Detailaufnahmen noch mal eine ganz andere Wirkung: Das kleine Ding wird riesengroß.

Memo-Spiel

Sie geben den Kindern die Aufgabe, **jeweils zwei Dinge zu fotografieren, die zusammengehören, die aber nicht dieselben sind,** z. B. Farbe und Pinsel, Hammer und Nagel.

Für das Memo-Spiel werden die Fotos anschließend alle ausgedruckt, eine schöne Rückseite gestaltet und zur besseren Haltbarkeit laminiert. Dann kann damit in der Gruppe gespielt werden.

Eigenschaften-Spiel

Hier lassen sich **vielfältige Aufgabenstellungen** formulieren. Beispielsweise könnte die Aufgabe lauten: „Wir fotografieren nur blaue Sachen.“ oder Sie erweitern die Aufgabe auf eine bestimmte Form der Objekte: „Wir fotografieren nur dreieckige Objekte oder runde Sachen.“ Dabei geht es dann explizit um das Erkennen und Finden von Eigenschaften an Objekten.

Bilderbuch-Kino – das Lieblingsbuch wird zum digitalen Film

Alter: ab ca. 2 Jahre

Gruppengröße: bis zu 6 Kinder

Ort: ruhiger Raum

Dauer: je nach Gruppengröße 2 bis 10 Stunden, verteilt auf mehrere Tage

Material:
- 1 Tablet mit der vorinstallierten Kamera-App und Audio-Aufnahme-App (alternativ: 1 Digitalkamera und 1 Audio-Aufnahmegerät)
- Tisch
- ggf. zusätzliche Lichtquelle (z. B. Strahler, Ringlicht, Tischlampe, Stehlampe)
- 1 Stativ für das Tablet oder die Digitalkamera
- 1 Laptop, 1 Tablet oder 1 Smartphone mit Videoschnittprogramm (z. B. iMovie [iOS] oder PowerDirector [Android], unkomplizierte Alternative: Präsentationssoftware wie Microsoft® PowerPoint, Keynote oder Impress von Open Office)
- 1 Beamer mit Kabel
- 1 Leinwand oder 1 weiße Wand
- 1 Lautsprecher oder 1 Bluetooth-Box für die Präsentation
- 1 Bilderbuch
- kopierte Storyboard-Vorlage, siehe S. 92

Hilfreiche Kriterien zur Auswahl des Bilderbuchs

- *Die Kinder kennen die Geschichte gut.*
- *Die Geschichte enthält mehrere handelnde Figuren: im Idealfall so viele wie beteiligte Kinder.*
- *Die Handlung der Geschichte ist überschaubar (je nach Altersgruppe).*
- *Die Szenen, Orte und Handlungen der Geschichte eignen sich für eine Vertonung (z. B. ein Piratenschiff auf dem Meer – Meeresrauschen, Möwengeschrei, Rauschen der Segel; ein Besuch auf einem Ponyhof – Pferdegetrappel, Wiehern etc.)*

Achtung!

Bilderbuchinhalte sind rechtlich geschützt. Klären Sie die beabsichtigte Nutzung vorab mit dem Verlag ab.

Einführung Wählen Sie gemeinsam mit den Kindern ein Bilderbuch für das Bilderbuch-Kino aus. Erklären Sie: „Wir machen jetzt einen Film aus diesem Bilderbuch. Zuerst fotografieren wir die Bilder ab. Danach sprecht ihr das, was die Figuren in der Geschichte sagen, nach und wir nehmen das auf. Außerdem nehmen wir gemeinsam Geräusche auf, die zu den Bildern passen. Dadurch wird unser Bilderbuch-Kino noch spannender."

Los geht's

Schritt 1: Bilder abfotografieren

Die Kinder fotografieren die Seiten des Buches nacheinander ab. Legen Sie dazu das Buch auf einen Tisch und befestigen Sie das Tablet bzw. die Kamera senkrecht darüber auf dem Stativ. Achten Sie darauf, dass die Seiten gleichmäßig ausgeleuchtet sind, aber keine Lichtreflexionen entstehen. Benutzen Sie dafür ggf. die zusätzliche Lichtquelle.

Lassen Sie die Kinder zunächst die ganze (Doppel-) Seite fotografieren. Überlegen Sie gemeinsam mit den Kindern, welche Figuren auf der Seite sprechen oder agieren. Lassen Sie die Kinder dann von diesen Figuren Nahaufnahmen machen, indem Sie die Einstellung am Stativ verändern. Schreiben Sie sich die Reihenfolge der Fotos in Form eines kleinen Storyboards auf der kopierten Vorlage auf.

Schritt 2: Fotos in das Videoschnittprogramm laden

Speichern Sie die Fotos auf dem Laptop und laden Sie die Bilder in das Videoschnittprogramm. In den meisten Programmen wird aus den Fotos automatisch eine Diashow erstellt. Die Anzeigedauer können Sie für jede einzelne Aufnahme separat ändern. Die Kinder können bei diesem Schritt dabei sein oder eine kleine Pause einlegen.

Schritt 3: Die Vorbereitung der Synchronisation

Schauen Sie sich gemeinsam mit den Kindern die Diashow an und überlegen Sie zusammen, welche Sprachaufnahmen und Geräusche für die einzelnen Bilder gebraucht werden. Halten Sie Stichpunkte dazu im Storyboard fest.

Schritt 4: Die Synchronisierung

Verteilen Sie die Rollen für die einzelnen Figuren: Welches Kind spricht wen oder was? Bei der Synchronisierung ist es nicht wichtig, den genauen Text nachzusprechen. Motivieren Sie die Kinder, ihre eigene Sprache und den eigenen Erzählstil zu verwenden. Dadurch entwickelt sich vielleicht eine ganz neue Geschichte.
Verwenden Sie für die Vertonung die Aufnahmefunktion des Videoschnittprogramms, die Audio-Aufnahme-App auf dem Tablet oder das digitale Aufnahmegerät. Während des Einsprechens der Texte sind die dazu passenden Bilder zu sehen. Nehmen Sie jeden Erzähltext oder Dialog als eigene Datei auf.

Schritt 5: Die Vorbereitung der Nachvertonung

Nehmen Sie die zusätzlichen Geräusche für die Geschichte mit der Audioaufnahme-App des Tablets oder dem digitalen Aufnahmegerät auf. Überlegen Sie vorab gemeinsam mit den Kindern, welche Geräusche für welches Bild gebraucht werden. Beachten Sie dabei, dass die Geräusche nicht im Text der Geschichte explizit vorkommen müssen. Auch hier ist es sinnvoll, die einzelnen Geräusche im Storyboard festzuhalten.

Schritt 6: Die Nachvertonung

Für die Produktion der Geräusche können Sie Hilfsmittel, wie Instrumente oder Naturmaterialien, verwenden. Tiergeräusche, wie Bellen, Miauen, Muhen, Krähen usw., können auch von den Kindern sprachlich erzeugt werden.

Schritt 7: Die Nachbearbeitung des Tons

Übertragen Sie anschließend die Sprachaufnahmen und Geräusche auf den Laptop und laden Sie sie in das Videobearbeitungsprogramm.
Passen Sie die Anzeigedauer der Bilder an das Gesprochene an und achten Sie darauf, unterschiedliche Lautstärken bei den Sprachaufnahmen auszugleichen. Sie können im Videobearbeitungsprogramm die Lautstärke anpassen.
Die Geräusche legen Sie in eine neue Spur unter die Sprachaufnahmen. Als letzten Schritt können Sie optional noch Musik über das Videoschnittprogramm zu Ihrer Bilderbuch-Geschichte hinzufügen. Achten Sie hierbei auf die CC-Lizenzen (siehe S. 42).

Schritt 8: Die Präsentation

Präsentieren Sie das fertige Bilderbuch-Kino am besten auf einer großen Leinwand oder einem großen Bildschirm.

Varianten ... für verschiedene Altersgruppen

Je nach Altersgruppe bieten sich unterschiedliche Varianten für das Bilderbuchkino an.

Jüngere Kinder: Bei jüngeren Kindern werden einzelne **Gegenstände mit Alltagsgeräuschen** vertont (die Katze – „Miau“, das Auto – „Brumbrum“).

Ältere Kinder: Ältere Kinder können **Geschichten mit eigenen Zeichnungen oder Fotos illustrieren.** Mit etwas mehr Zeit und Aufwand ist auch die Erfindung eigener Geschichten denkbar, die mit selbst erstellten Bildern illustriert und eigenen Tönen vertont werden.

Reflexion

Bei der Reflexion zum Bilderbuch-Kino geht es um die Bedeutung von Geschichten für unsere eigene Wirklichkeit und den Transfer von Charakteren, Ereignissen und Konflikten und deren Lösung. Regen Sie mit gezielten Fragen genau diesen Transfer an:

- Was magst du an der Geschichte?
- Welche Figuren sind dir besonders wichtig? Was bedeuten diese Figuren für dein Leben?
- Wer wärst du gerne in der Geschichte? Wie würdest du dich in der Situation verhalten?
- Welche besonderen Fähigkeiten hättest du gerne?
- Warum hast du die Figuren aus der Geschichte so gemalt/gesprochen?
- Was lösen diese Geräusche in dir aus? Hast du diese Geräusche schon mal woanders gehört? Wo und in welcher Situation?
- Welche Geschichten magst du am liebsten? Und warum?

Diese Kompetenzen werden bei einem Bilderbuch-Kino gefördert

- Feinmotorik
- Konzentrationsfähigkeit
- Sprachkompetenz
- Selbstwahrnehmung über die eigene Stimme
- kommunikative Kompetenz und die Empathie für andere Personen
- Vorstellungsvermögen für das Handeln unterschiedlicher Charaktere
- emotionale Kompetenz bezogen auf sprachliche Kommunikation
- emotionale Kompetenz bezogen auf die Wirkung von Tönen, Sound und Klang
- Selbstvertrauen in eigene Fähigkeiten
- Entdecken der Fotografie als kreatives Gestaltungs- und kommunikatives Ausdrucksmittel
- Entdecken des Computers und einer Software für die kreative Gestaltung eigener Projekte
- Selbstwirksamkeit

Wer bin ich und wer bist du? – Das Interview

Alter: ab ca. 3 Jahren

Gruppengröße: bis zu 10 Kinder

Ort: ruhiger Raum mit Sitzgelegenheiten

Dauer: ca. 1 bis 2 Stunden

Material:
- 1 Plakat
- Stifte
- ggf. ein selbst gemachtes „Achtung! Aufnahme!“-Schild mit Kamera-Symbol
- 1 Digitalkamera oder 1 Tablet mit der vorinstallierten Kamera-App
- 1 Stativ für die Digitalkamera oder das Tablet
- 1 Beamer und Kabel zum Anschließen an die Digitalkamera bzw. das Tablet
- 1 Leinwand oder 1 weiße Wand
- 1 Lautsprecher oder 1 Bluetooth-Box für die Präsentation

Einführung

Erzählen Sie den Kindern, dass sie heute ein Interview machen werden, und erklären Sie zunächst den Begriff „Interview“: „Dabei stellt eine Person einer zweiten Person Fragen über ein Thema, z. B. ihr Leben. Interviews gibt es z. B. im Fernsehen, in der Zeitung oder im Radio. In Nachrichtensendungen werden oft Politikerinnen und Politiker interviewt, nach einem Fußballspiel werden die interviewt, die gespielt haben, und Schauspieler und Schauspielerinnen werden befragt, wenn sie einen neuen Film gemacht haben etc. Ihr macht heute selbst Interviews. Dabei befragt jeder und jede ein anderes Kind. Wir nehmen das Interview auf und schauen uns den Film danach gemeinsam an. Vorher überlegen wir uns gemeinsam Fragen, die ihr dem anderen Kind stellen könnt.“

Schritt 1: Fragen sammeln

Sammeln Sie gemeinsam mit allen Kindern Fragen, die sie von anderen beantwortet haben möchten (ca. fünf ganz einfache und fünf, die das persönliche Erleben zum Ziel haben und individuell beantwortet werden). Halten Sie diese schriftlich auf einem Plakat fest und zeichnen Sie auch Symbole zu den Begriffen. Für die Frage „Wo wohnst du?“ könnte beispielsweise ein Haus stehen. Besprechen Sie auch, dass das Interview durch ein „Danke schön!“ des Fragekindes beendet wird.

Tipp: Beispiele für geeignete Fragen
- Wie heißt du?
- Wie alt bist du?
- Hast du Geschwister? Wenn ja, wie heißen sie?
- Was ist deine Lieblingsfarbe?
- Was ist dein Lieblingstier?
- Was ist dein Lieblingsessen?
- Was ist dein Lieblingsbuch?
- Was ist dein Lieblingsfilm?
- Was spielst du am liebsten?
- Was kannst du am besten?
- Welche Sportart findest du gut?
- Welche Figur aus dem Fernsehen magst du am liebsten?
- Welche Superheldenkräfte hättest du gerne?

- Was würdest du dir kaufen, wenn du ganz viel Geld hättest?
- Was würdest du tun, wenn du zaubern könntest?

Schritt 2: Interview-Ort vorbereiten
Wählen Sie den Ort für die Durchführung des Interviews aus. Der Raum sollte ruhig und angenehm sein, z. B. mit einem Sofa, das eine Studio-Atmosphäre erzeugt. Ein „Achtung! Aufnahme!"-Schild mit einem Kamera-Symbol könnte an die verschlossene Tür gehängt werden.

Schritt 3: Interview vorbereiten
Ziel ist, dass alle Kinder einmal Interviewer*in sind und einmal interviewt werden. Zur Einführung könnten Sie ein Interview aus einer Kindersendung gemeinsam anschauen (z. B. KiKa, „Sendung mit der Maus") oder Sie demonstrieren mit einem anderen Teammitglied, einem Kind, einem Stofftier o. Ä. beispielhaft ein Interview.

Schritt 4: Interviews durchführen
Zwei Kinder, die sich gegenseitig interviewen, stellen sich auf. Alle anderen setzen sich im Kreis herum auf den Boden. Stellen Sie die Kamera auf das Stativ und wählen Sie eine Einstellung, in der die beiden Kinder vor der Kamera bis etwa zum Gürtel in Normalperspektive zu sehen sind. (siehe „Auf die Perspektive kommt es an", S. 54) Wählen Sie ein Kind aus, das die Kamera bedient.
Achten Sie bei der Durchführung des Interviews darauf, dass nur die Kinder im Interview zu hören sind und alle anderen zuhören. Bitten Sie das fragende Kind, als Startsignal die erste Frage zu stellen, und lassen Sie das Kamerakind das Interview mit der Videofunktion aufnehmen.

Schritt 5: Präsentation
Schauen Sie sich die Interviews mit allen Kindern gemeinsam ungeschnitten, direkt von der Kamera oder dem Tablet über den Beamer auf der großen Leinwand an.

Reflexion

Reflektieren Sie gemeinsam direkt im Anschluss das Gesehene.

- Wie hast du dich beim Interview gefühlt?
- Hast du dich im Film selbst erkannt?
- Was hat dir bei dem Interview gefallen?
- Gab es auch etwas, das für dich komisch war?
- Hast du lieber Fragen gestellt oder Fragen beantwortet? Warum?
- Was war besonders schwierig?

Kompetenzen

Diese Kompetenzen werden bei einem Interview-Projekt gefördert

- die Konzentrationsfähigkeit
- die Sprachkompetenz
- die Ausdrucksfähigkeit
- das Selbstwertgefühl
- das Selbstbewusstsein
- die Selbstwahrnehmung
- das Einfühlungsvermögen und die Vorstellungskraft
- die Identitätsbildung
- die Persönlichkeitsentwicklung
- die Entwicklung einer eigenen Haltung
- die Selbstwirksamkeit

Varianten

Die Fernsehreportage

Als Inspiration können Sie gemeinsam mit den Kindern Interviews in Kindersendungen anschauen und in der Gruppe analysieren. Hierfür bieten sich die Wissenssendungen der öffentlich-rechtlichen Fernsehsender an oder auch die Kindernachrichtensendung „Logo". Fragen für eine Analyse können dann z.B. sein: Wer fragt? Wer wird gefragt? Wie werden die Fragen gestellt? Wo findet das Interview statt? Was erfahren wir? Was erfahren wir nicht?
Damit können Sie gut in das Thema „Reportage" als größerem Kontext für Interviews einleiten. Auch ein **Interview kann Teil einer größeren Reportage zu einem selbst gewählten Thema sein.** Dabei werden die Kinder zu Reporterinnen und Reportern und befragen selbst gewählte Expertinnen und Experten zu ihrem Thema. Aus dem Interview wird dann eine filmische Reportage.

Die Kinder-Quatsch-Nachrichten

Eine Nachrichtensendung kann auch in der Kita nachgespielt werden. Hierbei geht es um das **Erkennen der Inszenierung,** die auch in realen Nachrichtensendungen hinter jedem Bericht steht. Die Kinder denken sich eine fiktive Situation aus, etwa: In der Kita weigern sich die Spielzeuge, mit den Kindern zu spielen. Die Kinder befragen Expertinnen und Experten, Zeuginnen und Zeugen etc. zu dieser Situation, z.B. „Wir befinden uns hier im Kindergarten 'Regenbogen'. Lukas hat sich bereit-erklärt, uns ein Interview zu geben. Hallo Lukas ..."

Die verrückten Spielfiguren

Statt reale Menschen zu interviewen, können **Spielfiguren interviewt werden.** Dabei sprechen die Kinder für die Figuren und bleiben selbst unsichtbar hinter der Kamera.

Emoticon-Theater

Alter: ab ca. 5 Jahre

Gruppengröße: bis zu 10 Kinder

Ort: Bewegungsraum

Dauer: 1 Stunde (+ Nachbearbeitung ca. 1/2 Stunde)

Material:

- 1 Dosentelefon (aus zwei Konservendosen und Nylonschnur selbst machen)
- Bilder mit unterschiedlichen Emoticons, großformatig ausgedruckt
- 1 Laminiergerät mit Folien
- 1 Tablet mit Kamera- und Filmschnitt-App
- ggf. Symbolbilder von digitalen Kommunikationstools, wie Messenger-Diensten, und analogen Kommunikationsmitteln, z. B. Brief

Vorbereitung:
Bilder mit Emoticons, jeweils einzeln laminieren

Einführung

Schritt 1: Was ist Kommunikation?
Um Kindern zu erklären, was Kommunikation ist, können Sie ein Dosentelefon nutzen. Ein Dosentelefon sind zwei leere Konservendosen ohne Deckel, in deren Unterseite ein kleines Loch gebohrt wurde. Hindurch wird eine Nylonschnur geführt und auf der Innenseite der Dose verknotet. Beim Sprechen in eine Dose wird der Schall durch die (gespannte) Schnur zur anderen übertragen.
Lassen Sie die Kinder je zu zweit mit dem Dosentelefon „telefonieren". Reflektieren Sie gemeinsam, was beim Telefonieren geschieht: Wir sind miteinander in Kontakt, können uns über eine größere Entfernung Dinge mitteilen, uns Geschichten erzählen und Informationen austauschen.

Schritt 2: Was sind Informationen?
Besprechen Sie mit den Kindern den Begriff „Information". Informationen können ganz unterschiedliche Dinge sein. Sammeln Sie Beispiele für Informationen, z. B. es regnet, das Schwimmbad öffnet um 8:00 Uhr. Informationen sind auch nicht gesprochene Botschaften, mit denen wir unserem Gegenüber viel über uns erzählen, z. B.: Wie stehen wir zueinander?, Wie fühlen wir uns gerade?, Was wollen wir von der bzw. dem jeweils anderen und wie empfinden wir die momentane Situation? Dazu verwenden wir keine Wörter, sondern transportieren diese Informationen mit der Art, wie unsere Stimme klingt, wie unser Gesicht aussieht und wie unser Körper sich bewegt. Bitten Sie die Kinder, unterschiedliche Gefühlslagen nachzuspielen, z. B.: Wie siehst du aus, wenn du glücklich bist und dich freust? Wie verhältst du dich, wenn du gerade richtig wütend, ungeduldig oder traurig bist?

Schritt 3: Emoticon-Quiz
Erklären Sie den Kindern, dass viele Menschen in Nachrichten, die sie z. B. über einen Messenger verschicken (= digitale Kommunikation), mithilfe von Emoticons zeigen, wie sie sich fühlen. Emoticons sind kleine Zeichnungen von Gesichtern, die ein bestimmtes Gefühlt ausdrücken. Zeigen Sie den Kindern die laminierten Bilder mit den Emoticons. Lassen Sie die Kinder erraten, welches Gefühl mit welchem Emoticon ausgedrückt werden könnte. Bitten Sie die Kinder, Beispiele für Situationen mit Gefühlen zu nennen und davon zu erzählen.

Los geht's

Schritt 4: Emoticon-Theater

Nun dürfen die Kinder die Emoticons nachspielen. Legen Sie gemeinsam anhand der laminierten Emoticons ca. fünf Gefühle fest, die alle gut kennen, z. B. glücklich, traurig, wütend, erschrocken, verrückt sein. Formulieren Sie die Aufgabe: „Drückt diese fünf Gefühle als lebende Emoticons mit euren Gesichtern aus.“

Schritt 5: Emoticon-Film

Lassen Sie die Kinder sich gegenseitig bei der Darstellung der lebendigen Emoticons, also dem Ausdruck der Gefühle, mit dem Tablet filmen. Wichtige Hinweise zum Emoticon-Film finden Sie im Kasten unten. Erklären Sie den Kindern, was ein Porträt ist („Wir sehen in der Kamera nur den Kopf mit dem Gesicht.“), und üben Sie, den Bildausschnitt entsprechend zu wählen. Wichtig ist die Position des Kamerakindes (Augenhöhe und Abstand). Speichern Sie die einzelnen Clips und benennen Sie sie mit dem Namen der Kinder und dem Gefühl. Im Anschluss daran schauen Sie sich die Ergebnisse gemeinsam an.

Reflexion

Die Reflexion sollte beim Emoticon-Theater auf zwei Ebenen stattfinden:

1. Ebene: Kommunikation – was ist das eigentlich?

- Wie sprechen wir miteinander? Haben wir Kontakt?
- Welche Möglichkeiten gibt es, sich anderen mitzuteilen und Informationen auszustauschen?

2. Ebene: Inhalt der Kommunikation

- Was sind Informationen, die wir anderen mitteilen oder die wir von anderen bekommen?
- Was ist der Unterschied zwischen einer Information im Radio (z. B. Fußballergebnisse, Wetterbericht) und einer Information, die ich meiner besten Freundin am Telefon erzähle?
- Was enthält eine Information noch, das nicht ausgesprochen wird, das ich aber spüren kann?
- Was will meine Freundin mir eigentlich wirklich erzählen, wenn sie mir Emoticons schickt?
- Was will meine Mama von mir, wenn sie mich so komisch anschaut und die Stimme ganz anders klingt?
- Was möchte ich meiner Oma erzählen, wenn ich ihr Emoticons mit Torten, lustigen Gesichtern und Blümchenbildern per Messenger schicke?

Achtung

Beim Filmen darauf achten:

- immer nur ein Kind vor der Kamera
- einfarbigen Hintergrund benutzen
- im Porträtstil filmen – das Gesicht ist im Fokus
- gute Ausleuchtung des Gesichts
- beim Filmen das Tablet ruhig halten
- pro Emoticon max. 20 Sekunden aufnehmen
- jedes Emoticon als einzelnen Take aufnehmen

Varianten

Emoticon-Musikvideo

Aus den einzelnen Sequenzen können Sie ein lustiges Musikvideo mit der Lieblingsmusik der Kinder erstellen. **Die einzelnen Takes werden dabei auf den Rhythmus der Musik geschnitten.** Dadurch erhalten die kleinen Emoticon-Videos noch eine stärkere emotionale Wirkung.
Dafür braucht es ein bisschen Übung mit Videoschnitt-Software und Zeit zur Bearbeitung. Achten Sie außerdem auf die Urheberrechte bei der verwendeten Musik.

Emoticon-Fotos

Alternativ zu den Videosequenzen können die Kinder sich auch gegenseitig fotografieren. Die **Fotos werden im Anschluss ausgedruckt.** Dann können die Kinder die jeweils passenden Emoticons aus vorbereiteten Emoticon-Bögen ausschneiden und auf die ausgedruckten Fotos neben, über oder unter die Gesichter kleben.

Kompetenzen

Diese Kompetenzen werden beim Emoticon-Theater gefördert

- emotionale Kompetenz
- kommunikative Kompetenz
- Selbstwahrnehmung
- Selbstbewusstsein
- Selbstwertgefühl
- Selbstreflexion
- Konzentrationsfähigkeit
- nonverbale Ausdrucksfähigkeit
- eigene Körperwahrnehmung
- Empathiefähigkeit
- soziale Kompetenz
- Identitätsbildung
- Selbstwirksamkeit
- Fähigkeit zur Einschätzung medialer Wirklichkeiten
- Gefühl für die Wirkung medialer Produktionen

Praxisbeispiele Filmtricks und Trickfilm

Filmtricks – worum geht's?

Bei Filmtricks geht es darum, mithilfe kleiner Tricks beim Einsatz der Kamera-App bzw. der Digitalkamera oder digitaler Programme/Apps **die Realität anders abzubilden, als sie ist.** Wir kennen alle Techniken aus Filmen, Serien und auch Nachrichtensendungen, wenn z. B. der Nachrichtensprecher plötzlich mitten auf der Wall Street zu stehen scheint. Dies ist der Effekt einer **Verfremdung der Realität,** übersetzt in kindliche Wahrnehmung können wir hier von „kleinen Zaubertricks" sprechen.

Entscheidend für die medienpädagogische Arbeit mit Kindern ist hier, dass die **Realität nicht verändert** wird, sondern nur das Bild der Realität durch digitale Effekte anders erscheint. Für Kinder können Sie dies in kleinen, spannenden Projekten erfahrbar machen. Durch die Durchführung der Projekte und deren Reflexion erwerben die Kinder ein **neues Verständnis für die Wirkung medialer Produkte** und verstehen zugleich besser die Hintergründe der Medienangebote, die sie nutzen.

Der Stopp-Trick

Mit dem Stopp-Trick ist gemeint, dass die Kamera bzw. die Kamera-App bei einer Videoaufnahme an einer bestimmten Stelle die Aufnahme stoppt. Anschließend wird **in der aufgenommenen Szenerie etwas verändert, ohne dass die Kamera bzw. das Tablet bewegt wird.** Wichtig hierbei ist, dass die Kamera bzw. das Tablet auf einem Stativ an einer festen Position steht. Ebenso muss darauf geachtet werden, dass die **Lichtverhältnisse nicht verändert** werden, beispielsweise durch das An- oder Ausschalten der Raumbeleuchtung oder durch die Sonne, die plötzlich durch ein Fenster hereinscheint oder einen Schatten wirft. Um solchen unerwünschten Nebeneffekten vorzubeugen, bietet es sich an, die Szenerie mit einem Scheinwerfer zu beleuchten.

Nach der Veränderung der Szenerie wird die Aufnahme mit der Videokamera fortgesetzt. Entscheidend ist die Veränderung, die durch das Weglassen einer Aufnahme beim Betrachten für die Zuschauer*innen entsteht. Der Eindruck der „Verzauberung" oder Magie (z. B. Verschwinden oder Erscheinen von Gegenständen) entsteht dadurch, dass zwei Kameraeinstellungen zu einer einzigen kombiniert werden.

Die Stop-Motion-Technik

Bei der Anwendung der Stop-Motion-Technik werden nicht bewegliche Objekte oder Gegenstände bewegt und damit der Eindruck erweckt, sie wären „animiert", also zum Leben erweckt. Die Stop-Motion-Technik erzeugt also die **Illusion einer Bewegung von Nicht-Beweglichem.** Der Eindruck entsteht, indem nacheinander viele Fotos (Frames) von einem Objekt gemacht werden, das vor jedem neuen Foto ein kleines Stückchen bewegt wird.

Durch die **Aneinanderreihung mehrerer Fotos** wird eine (nicht vorhandene) Bewegung der Objekte simuliert. Indem möglichst viele Fotos mit möglichst kleinteiligen Bewegungen von Objekten gemacht werden, entsteht eine künstliche, aber relativ flüssige Bewegung beim Abspielen der Fotos hintereinander in Form eines Stop-Motion-Films.

Auf Kinder wirkt dieser Effekt wie Zauberei: Ich kann meine Spielzeuge, Puppen, Figuren, Autos – letztlich alles, was ich will – sich tatsächlich „wie von selbst" bewegen lassen.

Die Bewegung wird allerdings erst bei der Betrachtung des Films, also der nacheinander abgespielten Fotos, sichtbar. Der Klassiker, den die meisten Kinder kennen, ist die Serie „Shaun das Schaf", ein Knetanimationsfilm. Dazu gibt es auch eine gute Dokumentation[24], die Sie sich gemeinsam mit den Kindern in Vorbereitung auf ein Stop-Motion-Film-Projekt anschauen können, um ein Gefühl für den großen zeitlichen und künstlerischen Aufwand der Produktion ganzer Spielfilme und Serien mit dieser Technik zu bekommen.

Alle großen Zeichentrickfilme, in der japanischen Bezeichnung „Anime", z. B. „Bambi" (1942, Walt Disney), „Die Biene Maja" (1975, vom japanischen Trickstudio Zuiyo Enterprise), „Chihiros Reise ins Zauberland" (2001, Studio Ghibli), wurden vor den modernen Möglichkeiten der Computeranimation mit einer dem Trickfilm vergleichbaren Technik produziert. Nur wurden hier die einzelnen Bewegungsstufen mit vielen Bildern einzeln gezeichnet.

Der Rückwärtstrick

Für den Rückwärtstrick wird ein Film rückwärts abgespielt und damit verrückte Effekte erzielt. Der Rückwärtstrick gehört zu den Effekten aus der Zeit der Anfänge des Kinos. Georges Méliès wird als Erfinder der Filmtricks bezeichnet. Er experimentierte mit Film, Kamera, Technik, Bühne und Schauspieler*innen und erfand unter anderem den Stopp-Trick. Sein berühmtester Film ist „Le Voyage dans la Lune" („Die Reise zum Mond") von 1902. Die Geschichte der Wiederentdeckung der Filme von Georges Méliès erzählt Martin Scorsese mit vielen Beispielen seiner filmischen Arbeit in seinem 2011 erschienenen Film „Hugo Cabret", der für seine digitalen Techniken der Computer-3D-Animationen einen „Oscar" erhielt.

Die Greenscreen-Technik

Green- oder Bluescreen ist eine Technik, die schon lange in Spielfilmen und im Fernsehen verwendet wird. Dabei werden **Gegenstände oder Personen vor einem einfarbigen, meist knallgrünen Hintergrund** (beim Filmstudio wird hier von der „Blue-Box" oder der „Green-Box" gesprochen) aufgenommen. Ein **zweiter Film wird dann hinter den ersten gelegt.** Durch eine Software wird die grüne Farbe durchsichtig (herausgefiltert durch das sogenannte „Keying") und der zweite Film wird an diesen Stellen sichtbar.

Meistens wird die Farbe Grün verwendet, weil diese selten im Hautton von Personen oder in der Kleidung vorkommt, die ansonsten ebenfalls durchsichtig würde.

Ein klassisches Beispiel sind Nachrichtenformate, wie z. B. die „Tagesschau". Hier stehen die Sprecher*innen vor einem grünen Hintergrund bzw. in einem komplett grün ausgekleideten Studio. Statt dieser Farbe werden für die Zuschauer*innen aktu-

[24] Die Sendung mit der Maus, Spezialausgabe (Oktober 2009): Making of Shaun das Schaf. Verfügbar in der Mediathek des WDR: https://www.wdrmaus.de/shaun/filme/makingof.php5

elle Bilder und Filme, Grafiken oder die Wetterkarte eingeblendet. Früher war es technisch recht aufwändig, in Medienprojekten diese Technik einzusetzen. Heutzutage ist dies durch Apps kinderleicht geworden. Viele Film- und Fotobearbeitungsprogramme haben diese Funktion bereits integriert.

Greenscreen-Projekte beschäftigen sich mit der Fantasie, mit erfundenen Fantasiewelten oder Szenen, die in anderen, aus medialen Geschichten bekannten Welten spielen. Damit **überschreiten sie die Grenzen der Realität und eröffnen neue Ausdrucksmöglichkeiten.** Die Erfindung neuer Dinge oder Welten ist dabei immer auch als kreative Auseinandersetzung mit der bekannten, erlebten Realität zu verstehen. Ohne Fantasie entstehen keine neuen innovativen Ideen und Projekte, die Wirklichkeit werden und das Bestehende verändern können.
Damit machen Greenscreen-Projekte deutlich, worum es in medialen Geschichten immer auch geht: in kreativen Prozessen etwas Neues schaffen, das Gelerntes infrage stellt und eine erweiterte Perspektive auf die Wirklichkeit ermöglicht. Mithilfe der Greenscreen-Technik werden diese Effekte und kreativen Prozesse nachvollziehbar. Das Verständnis der Greenscreen-Technik ermöglicht auch ein Hinterfragen anderer medialer Produkte, Inhalte und Bilder.

Das Filmset

Bei allen Projektbeispielen aus dem Bereich „Filmtricks“ spielt der Raum eine wichtige Rolle. Bei Greenscreen-Projekten und Stop-Motion-Filmen brauchen Sie ein Filmset. Bei Stop-Motion-Filmen kann das ein ganz normaler Tisch sein, der aber vor einem **einfarbigen Hintergrund** steht und gut ausgeleuchtet werden kann. Bei Greenscreen-Projekten muss das **Filmset mit grünem Stoff** an der Wand und auf dem Boden ausgelegt werden. Auch hier ist die **gleichmäßige Ausleuchtung** wichtig.

Für Filmtricks mit der Stop-Motion-Technik brauchen Sie vor allem **Platz für die Kinder und die Technik** und eine große, **einfarbige Wand.** Die Wand kann auch mit einem Betttuch zu einer einfarbigen Wand werden.

Die Technik

Für die Durchführung kleiner Filmtrick-Projekte brauchen Sie eine **digitale Videokamera oder ein Tablet.** Für Greenscreen-Projekte empfehlen wir, mit dem Tablet zu arbeiten, da Sie hier mit einer **Greenscreen-App** alles haben, was Sie für den Effekt brauchen. Außerdem brauchen Sie eine **gleichmäßige Beleuchtung.** Für kleine Projekte reicht ein kleiner Strahler oder Scheinwerfer völlig aus. Wenn Sie regelmäßig mit Kindern z. B. Stop-Motion-Filme machen wollen, empfehlen wir eine LED-Videoleuchte mit Stativ. Damit haben Sie eine zuverlässige, flexibel einsetzbare Beleuchtung, die außerdem auch für die Kinder einfach zu bedienen ist.

Musik im Film

Um den Film zu einem audiovisuellen Erlebnis zu machen und die **Wirkung der Bilder zu verstärken,** sollte er mit Musik unterlegt werden. Es bietet sich an, dafür eine Sammlung von Musik, die für unterschiedliche Situationen genutzt werden kann, sich aber auch als Hintergrundmusik für Filme eignet, auf dem Tablet oder Laptop anzulegen. Die Musik sollte auch die Vorlieben der Kinder und der Einrichtung abbilden. Bei der Verwendung von Musik in selbst produzierten Filmen ist die **Beachtung der Urheberrechte** wichtig.

Der Stopp-Trick oder: „Wegzaubern“

Alter: ab ca. 4 Jahre

Gruppengröße: 12 bis 15 Kinder

Ort: Bewegungsraum

Dauer: je nach Gruppengröße und Alter der Kinder ca. 1 Stunde

Material:

- 1 Digitalkamera mit Videofunktion oder 1 Tablet mit Kamera-App
- 1 Stativ für die Digitalkamera oder das Tablet
- ggf. zusätzliche Lichtquelle (z. B. Strahler, Ringlicht, Stehlampe, Videolicht)
- 1 einfarbiger Hintergrund, z. B. weiße Wand, einfarbiges Betttuch
- 1 Beamer mit Kabel zum Anschließen an Tablet oder Kamera
- 1 Leinwand oder 1 weiße Wand

Vorbereitung:
Suchen Sie mit den Kindern gemeinsam eine geeignete Wand als Hintergrund. Sie können die Wand auch bereits vorab mit einem Betttuch vorbereiten. Bauen Sie Kamera bzw. Tablet auf dem Stativ und die Lichtquelle mit genügend Abstand gegenüber der Wand auf. Legen Sie den Bildausschnitt fest und fixieren Sie diese Einstellung. Achten Sie darauf, dass die Kinder das Stativ nicht verschieben und damit die Kameraeinstellung verändern. Erklären Sie den Kindern die Videofunktion des Tablets mit Starten und Stoppen der Aufnahme. Je nach Alter der Kinder können Sie auch den Unterschied von Foto- und Filmaufnahmen kurz erläutern.

Einführung

Um es für die Kinder spannend zu machen, überlegen Sie alle zusammen, welche Geschichten Sie kennen, in denen Verschwinden oder Unsichtbar-Werden eine Rolle spielt. Evtl. bringen Sie eine vorbereitete Geschichte oder ein Bilderbuch zum Thema mit. Sprechen Sie mit den Kindern über die Bedeutung von Verschwunden-Sein im Hinblick auf Wirklichkeit, Realität und Fantasie sowie die Wirklichkeit in Medien und medialen Geschichten. Fragen für ein einleitendes Gespräch können z. B. folgende sein:

- In welcher Situation würdest du gern einfach „weg sein“ oder dich unsichtbar machen können?
- Was bedeutet es für dich, verschwunden oder unsichtbar zu sein?
- Was bedeutet es für andere, Freundinnen und Freunde, Eltern und Geschwister, wenn du verschwunden wärst?
- Funktioniert Verschwinden oder Unsichtbar-Werden in der Realität?
- Wenn du die Augen schließt, bist du nicht mehr da – stimmt das eigentlich?
- Was sehen die anderen, wenn du die Augen schließt?

Los geht's

Schritt 1: Die Aufnahme vorbereiten

Fordern Sie die Kinder auf, sich eine Bewegung zu überlegen, die alle gut können, z. B. auf einer Stelle hüpfen, in die Hände klatschen oder einen Hampelmann machen. Suchen Sie ein Kamerakind aus und platzieren Sie drei oder vier Kinder nebeneinander mit Abstand (um Platz für die Bewegung zu haben) vor der Wand. Legen Sie eine Reihenfolge fest, in der die Kinder nacheinander die verabredete Bewegung ausführen. Erklären Sie den Kindern vor der Aufnahme den Ablauf genau: Das erste Kind macht die Bewegung, während die anderen Kinder bewegungslos stehen bleiben. Das erste Kind verlässt den Hintergrund und hinterlässt einen leeren Platz, während die anderen Kinder immer noch regungslos stehen bleiben. Das zweite Kind macht die Bewegung, während die anderen Kinder regungslos stehen bleiben. So setzt sich das bis zum letzten Kind fort. Am besten machen Sie einen Probedurchlauf, dann wissen alle ganz schnell, wie es geht.

Schritt 2: Die Aufnahme

Das Kamerakind gibt das Startzeichen (z. B. laut „Action!" rufen wie an einem Filmset), sobald die Aufnahme gestartet ist. Gefilmt wird immer die Bewegung, die die Kinder ausführen, mit etwas Vorlauf (bis drei zählen). Direkt danach wird die Aufnahme gestoppt. Dann verlässt das Kind das Filmset, die Aufnahme startet wieder und das nächste Kind macht die Bewegung usw.
Wenn niemand mehr vor der Wand steht, lassen Sie das Kamerakind die leere Wand noch ca. zehn Sekunden aufnehmen. Wiederholen Sie die Aufnahme so oft, bis alle Kinder einmal vor der Hintergrundwand die Bewegung ausgeführt haben.

Schritt 3: Präsentation

Schließen Sie den Beamer an und präsentieren Sie die kleinen Clips, indem Sie alle Aufnahmen direkt nacheinander abspielen. (siehe auch „Hinweis für motivierte Videobearbeiter*innen" auf der nächsten Seite).

Achtung

Beim Filmen darauf achten:

- Passen Sie den Bildausschnitt so an, dass die Kinder komplett sichtbar sind.
- Wählen Sie den Bildausschnitt anhand der Bewegungsart und passen Sie ihn an: Hochspringende Kinder können unter Umständen aus dem Bild „heraushüpfen".
- Der Bildausschnitt wird größer bei größerem Abstand der Kamera zum Set.
- Begleiten und unterstützen Sie das Kamerakind beim Starten und Stoppen der Aufnahme.
- Achten Sie darauf, dass die Kamera mit dem Stativ nicht bewegt wird.
- Manchmal reagiert die Technik nicht sofort. Dann wiederholen Sie die Aufnahme.
- Spielen Sie für die Präsentation die unbearbeiteten Aufnahmen ohne Ton ab.
  Die fertigen Aufnahmen enthalten als Ton die Originalgeräusche. Das kann sehr lustig sein, aber auch störend wirken.

Reflexion

- Besprechen Sie mit den Kindern, was sie im Film gesehen haben im Vergleich zu dem, was sie getan haben. Es geht darum, die unterschiedlichen Wirklichkeiten („Das habe ich gemacht und das habe ich davon im Film gesehen.") für die Kinder begreifbar zu machen. Denn: Filme bilden niemals die Realität ab, sondern sind immer eine künstliche Bearbeitung der Realität mit einer bestimmten Absicht.
- Vollziehen Sie gemeinsam mit den Kindern den Stopp-Trick nach:
  - → Was ist auf dem Film zu sehen?
  - → Was hat das Kind vor dem Hintergrund gemacht und was davon wurde von der Kamera aufgezeichnet?
  - → Was hat die Kamera nicht gefilmt?
  - → Wie sieht die Wirklichkeit im Film aus, wenn die Aufnahmen hintereinander abgespielt werden?
  - → Sind jetzt wirklich alle „weggezaubert"?
- Transfer zu medialen Geschichten, die die Kinder kennen: Überlegen Sie Figuren aus Filmen und Geschichten, die verschwinden können (z. B. Harry Potter, Pumuckl, Gespenster).

Hinweis für motivierte Videobearbeiter*innen

Die Wirkung des Stopp-Tricks können Sie um einiges steigern, wenn Sie die kleinen Clips mit einem Videoschnittprogramm auf dem Laptop oder dem Tablet bearbeiten. Laden Sie dazu alle Clips in der richtigen Reihenfolge in das Programm. Kürzen Sie die Clips direkt nach der Vollendung der Bewegung und legen Sie einen Slow-Motion-Effekt auf die Bewegung. Legen Sie eine passende Musik unter die Clips und löschen Sie die originale Tonspur. Bauen Sie Titel und Abspann ein.

Variante

Wechsel von Aussehen, Position und Ort

Für den Stopp-Trick bieten sich **viele Varianten** an. Nach der Bewegung kann die Farbe des T-Shirts des Kindes wechseln oder ein anderes Kleidungsstück ausgetauscht sein. Es kann auch das Kind vertauscht werden. Oder ein Kind steht plötzlich auf dem Kopf oder sitzt auf einem Stuhl. Ein Kind hat plötzlich irgendeinen Gegenstand in der Hand usw. Hier sind der Kreativität der Kinder und Ihrer eigenen kaum Grenzen gesetzt.

Der Rückwärtstrick oder: Ich kann fliegen

Alter: ab ca. 4 Jahren

Gruppengröße: bis 15 Kinder

Ort: Bewegungsraum mit der Sprossenwand

Dauer: je nach Gruppengröße ca. 30 Minuten

Material:

- Sprossenwand
- dicke Matten
- 1 Tablet mit Kamera-App oder Digitalkamera
- 1 App, die Filme rückwärts abspielen kann (z. B. LumaClip, Reverse Movie FX, Reverse Video), alternativ ein Laptop mit Videoschnittprogramm
- ggf. zusätzliche Lichtquelle (z. B. Strahler, Ringlicht, Tischlampe, Stehlampe)
- 1 Stativ für das Tablet bzw. die Digitalkamera
- 1 Beamer für die Präsentation
- 1 Leinwand oder 1 weiße Wand

Vorbereitung:
Bauen Sie das Stativ mit dem Tablet in ausreichender Entfernung vor der Sprossenwand auf. Achten Sie beim Einstellen des Ausschnitts darauf, dass sowohl die Sprossenwand einschließlich Platz nach oben und die gesamte Turnmatte einschließlich Boden davor zu sehen sind. Stellen Sie die Videoleuchte auf und richten Sie sie auf die Sprossenwand aus. Legen Sie eine oder mehrere dicke, große Turnmatten vor die Sprossenwand.

Lassen Sie die Kinder gegenüber der Sprossenwand auf einer Bank oder Matten Platz nehmen. Den Rückwärtstrick können Sie mit einer Frage einleiten: „Wer von euch kann fliegen?“ Die Antworten reichen in der Regel von „Ja klar, kann ich!“ mit einer beispielhaften Vorführung mit Armbewegungen wie ein Vogel bis hin zu „Das kann natürlich niemand“. Bei der Frage geht es darum, neugierig zu machen und eine Verbindung zum Thema „Filmtrick“ herzustellen. Sie können außerdem auf Kinderfilme oder Kinderbücher verweisen, z. B. „Die kleine Hexe“, die auf ihrem Besen durch die Luft reitet. Im Film sieht es so aus, als könnte sie das wirklich. Holen Sie die Kinder an dieser Stelle wieder zurück in die Realität. In Wirklichkeit können Menschen nicht fliegen. Aber durch einen kleinen Trick können wir es so aussehen lassen, als könnten Kinder fliegen.

Erklären Sie den Kindern die Aufgabe: Klettert auf die Sprossenwand, so hoch, wie ihr wollt, dreht euch um und springt auf die Matte. Steht dann auf und dreht euch wieder um, sodass ihr mit dem Gesicht zur Sprossenwand schaut. Dann lauft rückwärts von der Matte herunter bis zum Tablet bzw. zur Digitalkamera. Dann setzt euch wieder auf euren Platz.

Los geht's

Schritt 1: Szene filmen

Wählen Sie ein Kamerakind aus. Dieses startet die Videoaufnahme und ein zweites Kind führt die Aufgabe aus (auf Sprossenwand klettern, herunterspringen, rückwärts von der Matte laufen). Sobald das zweite Kind am Tablet vorbeigelaufen ist, wird die Aufnahme gestoppt. Jetzt sind zwei andere Kinder dran. Alle sollten am Ende von der Sprossenwand gesprungen sein und einmal die Videoaufnahme gemacht haben.

Schritt 2: Die Bearbeitung

Laden Sie die kurzen Clips in die Rückwärts-App und kürzen Sie evtl. noch den Anfang und das Ende. Legen Sie den Effekt über die Aufnahme. Um die Wirkung des Effekts zu steigern, kann die Abspielgeschwindigkeit verlangsamt werden. Da die Clips sehr kurz sind und nicht geschnitten werden müssen, ist die Bearbeitungszeit mit der App überschaubar kurz.

Schritt 3: Präsentation

Präsentieren Sie die einzelnen Clips nach der Bearbeitung mit dem an das Tablet angeschlossenen Beamer. Die Reaktionen der Kinder reichen je nach Alter von Staunen, Verwunderung über Sich-Freuen und Spaß-Haben bis hin zu der Frage: *„Wie hast du das gemacht?"*

Reflexion

Besprechen Sie mit den Kindern, was hier eigentlich passiert ist. Die Reflexion bei diesem kleinen Trick ist ganz entscheidend für das Verständnis von Medien, ihrer Veränderbarkeit und Manipulation der Wirklichkeit und ihrer Wirkung. Durch gezieltes Nachfragen helfen Sie den Kindern, selbst auf die Auflösung des Tricks zu kommen. Um bei allen das Verständnis für den Rückwärtseffekt nachvollziehbar zu machen, können Sie die Clips nacheinander vorwärts und rückwärts abspielen lassen.
Auch mehrmaliges Ansehen der einzelnen Clips macht Kindern sehr viel Spaß und hilft beim Verständnis für die „Zauberei".

Varianten Für den Rückwärtstrick bieten sich nahezu unbegrenzte Variationen an, abhängig von der eigenen Kreativität und den Möglichkeiten in der Einrichtung:

- Eine **Kiste mit Stecksteinen oder Bauklötzen auf einem Stuhl stehend ausleeren** – alle anderen Kinder übernehmen das „Aufräumen", nachdem alle Steine herausgefallen sind, und legen alle wieder in die Kiste. Das Aufräumen wird nicht gefilmt.
- Einen **Apfel klein schneiden und sich wieder zusammensetzen lassen** – wirkt mit schnellerer Abspielgeschwindigkeit noch besser.
- Verschiedene **Gegenstände auseinandernehmen und sich wieder zusammensetzen lassen** – hier kann die Abspielgeschwindigkeit beim Rückwärtseffekt erhöht werden.
- **Wasser aus einem Glas leeren und wieder hineinfliegen lassen** – das Glas fängt die Flüssigkeit ein, am besten in Zeitlupe.
- Einen **Ball von einer erhöhten Position in einen Eimer werfen und aus dem Eimer in die ausgestreckten Arme fliegen lassen** – Gegenstände entwickeln ein Eigenleben, auch hier die Abspielgeschwindigkeit verlangsamen.
- Alle **Kinder rutschen möglichst dicht hintereinander die Rutsche hinunter und wieder nach oben** – Das wirkt sehr lustig, wenn die Geschwindigkeit erhöht wird.
- **Jemand hüpft eine Treppe hinunter und wieder rückwärts hinauf** – das ist reine Zauberei, besonders lustig mit Musik, wie sie in Zeichentrickfilmen vorkommt.
- **Jemand springt ins Bällebad, taucht möglichst tief in die Bälle und springt rückwärts wieder heraus** – auch hier die Abspielgeschwindigkeit verlangsamen.
- Für sportliche Kinder: **Salto vom Klettergerüst mit Fallschutzmatte** – hier eignet sich Zirkusmusik für besondere Akrobatik.

Der Stop-Motion-Film

Alter: ab ca. 5 Jahre

Gruppengröße: 3 bis 5 Kinder

Ort: Raum, in dem die Bühne für die Projektdauer stehen bleiben darf

Dauer: je nach Gruppengröße und Alter der Kinder ca. 1 bis 3 Stunden (bei größeren Projekten auch mehrere Tage)

Material:

- 1 Tablet mit einer Stop-Motion-Film-App, z. B. Stop Motion Studio, PicPac Stop Motion Pro, Life Lapse Stop Motion Maker, oder eine Digitalkamera und ein Laptop mit Schnittprogramm
- 1 Stativ für das Tablet
- ggf. zusätzliche Lichtquelle (z. B. Strahler, Ringlicht, Stehlampe, Videolicht)
- 1 Beamer und Kabel für das Tablet
- 1 Leinwand oder 1 weiße Wand
- 1 Bühne (z. B. 1 Tisch)
- 1 großer, farbiger Tonkarton als Hintergrund
- Figuren, Autos, Spielzeuge als Darstellende des Films
- verschiedene Bau- und Bastelmaterialien, z. B. Tonkarton, Stoff, Wolle, Sand, Papier, Bauklötze, Stifte, Scheren, Klebstoff
- kopierte Storyboard-Vorlage (siehe S. 92)

Vorbereitung:
Entscheiden Sie zunächst, welche Art von Stop-Motion-Film Sie machen wollen. Beim 2D-Film oder Lege-Trick werden Figuren aus Papier oder Karton ausgeschnitten und auf den Tisch gelegt. Die Fotos werden von oben in der Draufsicht gemacht. Damit erhält der Film eine Zweidimensionalität. Mit der 2D-Technik lassen sich beispielsweise kleine Rätsel aus Buchstaben animieren, Bildergeschichten erzählen, Wettrennen unterschiedlicher, gemalter Fantasietiere spielen oder nach Art eines Puzzles ein Gesamtbild aus unterschiedlichen Teilen zusammensetzen.
Bei 3D-Stop-Motion-Filmen geht es immer um Figuren, die sich auf einer Bühne bewegen und die damit räumliche Tiefe haben, also dreidimensional wirken. Dabei kann die Kamera unterschiedliche Perspektiven und Einstellungen einnehmen.
Platzieren Sie für beide Filmvarianten vorab die Bühne (den Tisch) so im Raum, dass sie von drei Seiten gut zu bedienen ist. Achten Sie darauf, dass hinter der Bühne eine Wand ist, an der die Hintergründe angebracht werden können.

Einführung

„Wer von euch kennt einen Stop-Motion-Film?“ – Mit dieser Frage können Sie das Projekt einleiten. Animieren Sie die Kinder, über ihre Filmerlebnisse nachzudenken und davon zu erzählen. Dabei wird zunächst vermutlich nicht viel berichtet, was wirklich mit der Stop-Motion-Technik zu tun hat. Die heutigen Kindersendungen sind zum Großteil computeranimierte Trickfilme. Aber die Reflexion über die Lieblingssendungen von Kindern ist der Einstieg in die Entwicklung einer eigenen Geschichte und das Erzählen über Heldenfiguren kann dabei als Anknüpfungspunkt hilfreich sein.

Erklären Sie z. B. mit einen Hinweis auf die Serie „Shaun das Schaf“ die Besonderheit der Stop-Motion-Technik: Aus der Aneinanderreihung von möglichst vielen Einzelbildern entsteht der Eindruck einer Bewegung. Zum Einstieg können Sie sich mit den Kindern einzelne Sequenzen aus einer Folge anschauen.

Los geht's

Schritt 1: Geschichte entwickeln
Entwickeln Sie mit den Kindern eine eigene Geschichte: Was für eine Art von Geschichte soll es werden (Märchen, lustig, spannend, gruselig usw.)? Welche Figuren sollen vorkommen? Was soll passieren? Gut und Böse? Was für ein Ende? Halten Sie die Ideen auf einem Plakat mit Bildern fest. Entwickeln Sie gemeinsam mit den Kindern aus den Ideen ein kurzes Drehbuch mit Einleitung, Hauptteil, Schluss und halten Sie das Drehbuch auf der Storyboard-Vorlage fest.

Schritt 2: Bühne gestalten
Gestalten Sie mit den Kindern die Bühnenhintergründe für die Geschichte. Kleben Sie dafür verschiedene Materialien auf den Tonkarton und lassen Sie zeichnen.
Nutzen Sie für das Bühnenbild ggf. Spielzeuge und -materialien aus dem Gruppenraum (z. B. Bauklötze, Spielfiguren). Bauen Sie gemeinsam mit den Kindern eine Szenerie auf der Bühne auf. Die sorgfältige Vorbereitung für ein Stop-Motion-Film-Projekt erfordert viel Zeit, ist aber notwendig, damit beim anschließenden Dreh alles vorhanden ist und klappt.

Schritt 3: Fotografieren vorbereiten
Platzieren Sie das Stativ mit dem Tablet vor der Bühne. Bauen Sie die Videoleuchte so auf, dass die Bühne gleichmäßig ausgeleuchtet ist. Erklären Sie den Kindern die Stop-Motion-App. Grundsätzlich gilt: Je mehr Bilder gemacht werden, umso fließender ist die Bewegung. Zwölf Bilder pro Sekunde ergeben einen sehr flüssigen und zwei einen sehr ruckeligen Film. Um dies zu verdeutlichen, können Sie die Abspielgeschwindigkeit ändern und den Unterschied mit den Kindern besprechen. Achten Sie beim Fotografieren auf die Fokussierung (am besten die Automatik-Funktion verwenden), um unscharfe Bilder zu vermeiden. Legen Sie evtl. fest, welche Figuren von welchem Kind gespielt werden.

Schritt 4: Fotografieren
Lassen Sie die Kinder nacheinander die Geschichte anhand des Storyboards abfotografieren. Kontrollieren Sie regelmäßig mit den Kindern die bisherigen Ergebnisse, indem Sie direkt in der App den Film abspielen.

Schritt 5: Vertonung und Bearbeitung
Vertonen Sie den fertigen Film nach dem Fotografieren direkt in der App. Überlegen Sie gemeinsam mit den Kindern, welche Stimme einzelne Figuren haben, was sie sagen könnten und welche Geräusche benötigt werden. Nehmen Sie mit den Kindern Geräusche sowie Sprachbeiträge auf.
Wählen Sie auch einen Titel für die Geschichte sowie ein passendes Titelbild und einen Abspann aus. Suchen Sie Musik aus und legen Sie sie unter die Bilder. Zusätzlich können Sie auch noch Effekte oder farbliche Verfremdungen einbauen. Legen Sie die Abspielgeschwindigkeit in der App fest. All diese Schritte sollten Sie gemeinsam mit den Kindern durchführen, da alles direkt in der App passiert und einfach und schnell zu machen ist. Schließen Sie dafür das Tablet an einen Beamer an.

Schritt 6: Nachbearbeitung beim Einsatz der Digitalkamera
Bei der Arbeit mit der Digitalkamera erfolgt die Nachbearbeitung mithilfe eines Schnittprogramms am PC. Der Prozess des Übertragens der Fotos auf den Rechner und in das Schnittprogramm sollte von Ihnen übernommen werden. Bei der Auswahl der Bilder, der Nachvertonung, der Hinzufügung von Effekten etc. sowie der Fertigstellung des Films beziehen Sie die Kinder wieder ein.

Schritt 7: Präsentation
Den fertigen Stop-Motion-Film schauen Sie gemeinsam an. Bei größeren Projekten sollten Sie überlegen, ob die Präsentation in einem größeren Rahmen für alle Kinder der Einrichtung oder mit Elternbeteiligung durchgeführt wird.

Achtung

- Kamera und Stativ nicht bewegen, evtl. Standort markieren
- Beleuchtung muss gleichmäßig und gleichbleibend sein
- Bühne nicht verschieben, unbewegliche Aufbauten und Untergründe fixieren
- pro Aufnahme nicht zu viele unterschiedliche Figuren bewegen
- Fokussierung, Belichtung etc. in den Einstellungen der App vor Beginn fixieren
- je kleiner die Bewegung der Figur, desto natürlicher die Wirkung
- je mehr Einzelbilder, desto flüssiger die Bewegung im Film
- erst fotografieren, wenn keine Hände mehr auf der Bühne sind
- je mehr Fotos, desto mehr schlechte Bilder sind verlustfrei zu löschen
- Regelmäßig die bereits gemachten Aufnahmen kontrollieren
- Ein Stop-Motion-Projekt braucht Zeit und erfordert Konzentration.
- Pausen während der Aufnahmesituation einplanen
- ein Beamer für die Kontrolle der Bilder und die Nachbearbeitung

Reflexion

Zwei Ebenen sollten in der Reflexion zur Sprache kommen: die Kreativität und der Prozess der Umsetzung, der gerade bei solchen Projekten sehr anstrengend sein kann.

- **Ebene 1:** Was ist der Hintergrund für diese Geschichte? Warum habt ihr euch diese Story/diese Figuren ausgedacht? Was wünscht ihr euch selbst, einmal Verrücktes/Spannendes/Außergewöhnliches zu erleben? Was hat die Geschichte mit euch zu tun? Warum wollt ihr anderen genau diese Geschichte erzählen?
- **Ebene 2:** Wie habt ihr den Prozess des Fotografierens erlebt? Was war daran gut/anstrengend/hat besonders viel Spaß gemacht?

Auch die Erfahrung, dass die Produktion ganz lange dauert und viel Konzentration erfordert, ist eine wichtige Lernerfahrung und hilft, die vielen Videos bei YouTube oder auch im KiKa anders zu beurteilen. Würdet ihr gern Filmemacher*in werden und bei „Shaun das Schaf“ mitarbeiten? Was braucht es eigentlich für Fähigkeiten dafür?

Kompetenzen

Diese Kompetenzen werden bei einem Stop-Motion-Filmprojekt gefördert

- Konzentration
- fokussierte Aufmerksamkeit
- Durchhaltevermögen
- Geduld und Willensstärke
- Eigensinn und Ausdauer
- technisches Verständnis
- motorische Fähigkeiten
- Abstraktionsfähigkeit
- Kreativität
- Narrativität
- Selbstvertrauen in die eigenen Fähigkeiten
- Selbstwirksamkeit
- Erfahrung der Zugehörigkeit zur Gruppe
- Verständnis für das Interagieren als Gruppe
- gegenseitige Rücksichtnahme, Wertschätzung und Respekt
- Zusammenarbeit
- Beurteilung und Einschätzung von Medienwirkung
- Verständnis für Manipulationskraft digitaler Medien

Varianten

Brickfilme

Als Brickfilme werden **Animationsfilme mit den bekannten Steckstein-Figuren** bezeichnet. Hierzu gibt es im Internet vielfältige kleine und große Produktionen zu finden, bis hin zu nachgebauten Szenen aus großen Kinofilmen. Die Brickfilm-Community bietet außerdem Ideen, Tipps und Tricks für die Praxis.[25]

Projekte mit der Trickboxx

Eine einfache Alternative für die Umsetzung eines Stop-Motion-Film-Projekts ist die Möglichkeit, sich eine „Trickboxx“ auszuleihen. Diese dafür konzipierten **Holzkästen inklusive eines Stativaufsatzes** lassen sich über kommunale Medienzentren kostenlos ausleihen. Für die Umsetzung eines Projekts mit der „Trickboxx“ gibt es eine ebenfalls kostenlose Anleitung zum Download, herausgegeben von der Filmothek der Jugend NRW.[26]

[25] Weitere Informationen dazu finden Sie bspw. auf den Internetseiten von Brickfilms, Brickfilmfestival, BR (unter dem Stichwort „Brickfilme“)

[26] Hrsg.: Landesanstalt für Medien NRW (2009): Die Trickboxx – Ein Leitfaden für die Praxis. https://www.filmothek-nrw.de/publikationen/die-trickboxx-ein-leitfaden-fuer-die-praxis/ (abgerufen am 12.03.21)

Greenscreen-Projekt: Mein*e erfundene*r Freund*in

Alter: ab ca. 4 Jahre

Gruppengröße: bis zu 6 Kinder

Ort: Gruppenraum

Dauer: je nach Gruppengröße und Alter der Kinder ca. 1 bis 2 Stunden

Material:

- 1 Tablet mit einer Greenscreen-App, z. B. Green Screen by Do Ink, Chromascreen, PowerDirector
- 1 Drucker
- Stifte
- Fingerfarben
- Wasserfarben
- Kreide

Für jedes Kind

- 1 weißes Blatt Papier (DIN A5 bzw. DIN A4 halbiert)
- 1 grünes Blatt Papier (DIN A4)
- 1 Schere

Einführung

Leiten Sie das Projekt ein mit der Frage: *„Wenn ihr einen (für andere) unsichtbaren Freund oder eine Freundin hättet, wie würde die Person, das Tier oder das Wesen aussehen?“* Geben Sie den Kindern Zeit zum Nachdenken und Aufzählen von Eigenschaften und Wesenszügen, zum Kreativwerden.

Los geht's

Schritt 1: Zeichnen – die Figur wird Wirklichkeit

Lassen Sie die Kinder ein Bild des imaginierten Freundes bzw. der imaginierten Freundin auf das weiße Papier malen, ausschneiden und mittig auf das grüne Papier kleben.

Schritt 2: Fotografieren

Fotografieren Sie gemeinsam mit den Kindern jeweils das grüne Blatt mit der Figur. Achten Sie dabei darauf, dass der grüne Hintergrund das gesamte Bild ausfüllt und das Bild gut ausgeleuchtet ist. Anschließend fotografieren sich die Kinder gegenseitig. Wählen Sie für die Fotos der Kinder einen ruhigen, einfarbigen Hintergrund. Achten Sie darauf, dass sich die Kinder in einer bewusst eingenommenen Körperhaltung fotografieren. Hilfreich sind hier vorab Fragen, wie: „In welcher Situation brauchst du oder wünschst du dir deinen gemalten Freund bzw. deine gemalte Freundin?“, „Wo soll deine Figur positioniert sein? Auf deiner Hand (ganz klein), neben dir stehend (ganz groß), hinter dir stehend (dich beschützend), auf deinem Schoß (zum Kuscheln) etc.?“ Achten Sie darauf, dass die Kinder als ganze Personen bildfüllend auf dem Foto zu sehen sind.

Tipp: Greenscreen erklären

So können Sie Kindern die Technik des Greenscreen erklären:

- Legen Sie drei Bilder übereinander in eine durchsichtige Folie.
- In der obersten Ebene liegt eine ausgeschnittene Figur, eine Person oder ein Tier.
- In der mittleren Ebene liegt ein grünes Blatt, das alles darunter verdeckt.
- In der untersten Ebene liegt ein Hintergrundbild, das erst einmal unsichtbar ist.

- Sichtbar ist eine Figur auf grünem Hintergrund.
- Ziehen Sie nun das grüne Blatt aus der Folie.
- Sichtbar wird die ausgeschnittene Figur vor Ihrem Hintergrundbild.
- Nach demselben Prinzip funktioniert die App: Die Technik zieht das grüne Blatt „digital" weg. So erscheint ein anderer Hintergrund.

Schritt 3: Der Greenscreen-Effekt

In der Greenscreen-App werden beide Bilder übereinandergelegt. Wählen Sie zuerst das Foto des Kindes und legen Sie das Foto mit der Zeichnung darauf. Die App erkennt meist automatisch den grünen Hintergrund und entfernt ihn. Falls die grüne Farbe nicht automatisch herausgefiltert wird, kann mithilfe von Reglern der Farbton eingestellt werden, der durchsichtig werden soll. Passen Sie gemeinsam mit den Kindern die Größe der gezeichneten Figur durch Hinein- oder Herauszoomen (mit zwei Fingern) an. Speichern Sie das Bild und benennen Sie es, am besten mit dem Namen des Kindes.

Schritt 4: Präsentation und Druck

Drucken Sie die fertigen Fotos aus und präsentieren Sie die Bilder im Stuhlkreis, in einer Ausstellung, aufgehängt im Gruppenraum o. Ä. Lassen Sie die Kinder die Fotos mit ihren ausgedachten Freund*innen selbst vorstellen.

Reflexion

Warum hast du dir genau diese Figur ausgesucht?
Welche besonderen Fähigkeiten hat die Figur? Was für Fähigkeiten hast du eigentlich?
Was kannst du besonders gut?
Was würdest du gerne gut können?
Wo begleitet dich diese Figur?
Wie hilft sie dir? In welcher Situation hättest du gerne so eine*n tolle*n/verrückte*n Freund*in?

Kompetenzen

Diese Kompetenzen werden bei Greenscreen-Projekten gefördert:

- Konzentration
- Sprachkompetenz
- technisches Verständnis
- motorische Fähigkeiten
- Abstraktionsfähigkeit
- Selbstreflexion
- Identitätsentwicklung und Persönlichkeitsbildung
- Kreativität
- Narrativität
- Selbstvertrauen in die eigenen Fähigkeiten
- Selbstwirksamkeit
- Beurteilung und Einschätzung von Medienwirkung
- Verständnis für Manipulationskraft digitaler Medien

Greenscreen-Projekt: Die Reise nach Überall

Alter: ab ca. 3 Jahre

Gruppengröße: bis zu 6 Kinder

Ort: ruhiger Raum mit viel Platz

Dauer: je nach Gruppengröße und Alter der Kinder ca. 1 bis 2 Stunden

Material:
- 1 Tablet mit einer Greenscreen-App (z. B. Green Screen by Do Ink, Chromascreen, PowerDirector)
- Internetzugang
- 1 zusätzliche Lichtquelle (z. B. Strahler, Ringlicht, Tischlampe, Stehlampe)?
- 1 Beamer mit Kabel für das Tablet
- 1 Leinwand oder 1 weiße Wand
- 1 sehr großes, grünes Tuch („Greenscreen") und etwas zum Befestigen (z. B. Klammern)
- Bilder und/oder Videos von den Orten, die „Überall" sein können
- Spielzeug aus dem Bauraum und Bastelmaterial

Vorbereitung:
Befestigen Sie den Greenscreen möglichst fest und faltenfrei so, dass der Boden ebenfalls bedeckt ist und die Kinder Platz haben, sich darauf zu bewegen, ohne den grünen Hintergrund herunterzureißen oder zu verlassen.

Einführung

„Stellt euch vor, ihr könntet an jeden Ort reisen, den ihr euch wünscht. Wo wärt ihr gern?" – Mit dieser Frage eröffnen Sie das Projekt und sammeln die Vorschläge und Ideen der Kinder.

Los geht's

Schritt 1: Bilder und Videos von Wunschorten durch Internetrecherche

Suchen Sie gemeinsam mit den Kindern in Kindersuchmaschinen (z. B. Blinde Kuh, Frag FINN, Seitenstark) Bilder und Videos ihres Wunschortes. Dabei können Sie ganz nebenbei für ältere Kinder noch die Funktionen und Besonderheiten von Kindersuchmaschinen und speziellen Kinderseiten erklären. Lassen Sie die Kinder je nach Alter auch selbstständig etwas suchen. Lassen Sie die Kinder dabei nicht unbeaufsichtigt, sondern begleiten Sie sie aufmerksam. Jedes Kind sollte am Ende ein Video oder ein Foto haben, das sein Wunschort ist.

Da Bilder urheberrechtlich geschützt sind, empfehlen wir die Verwendung von Bildern mit CC-Lizenz (siehe Tippkasten auf S. 42).

Schritt 2: Videos und Fotos herunterladen und speichern

Laden Sie die ausgewählten Fotos und Videos herunter und speichern Sie sie, versehen mit dem Namen des jeweiligen Kindes.
Um Zeit zu sparen, ist es sinnvoll, wenn Sie bereits eine kleine Auswahl an Fotos und Videos herausgesucht und gespeichert haben.

Schritt 3: Alternative ohne Internet: Wunschorte bauen und aufnehmen

Sie können das Projekt auch ohne Internet durchführen. Lassen Sie die Kinder dafür ihre Lieblingsorte mit Stecksteinen, Spielzeugen, Baumaterialien, Pappkartons und/oder Naturmaterialien bauen.
Nehmen Sie mit den Kindern zusammen Fotos und kleine Videos von den Lieblingsorten auf und speichern Sie sie unter dem Namen der Kinder auf dem Tablet.

Schritt 4: Tätigkeiten und Verkleidungen planen
Schauen Sie sich zusammen die recherchierten Fotos und Videos an und planen Sie mit den Kindern mögliche Tätigkeiten am Lieblingsort, z. B. Muscheln sammeln, einen Schatz suchen, nach den Sternen schauen, in Fenster gucken etc. Evtl. können sich die Kinder je nach Lieblingsort verkleiden.

Schritt 5: Die Arbeit mit dem Greenscreen-Effekt erklären
Erklären Sie den Kindern die Greenscreen-Technik und probieren Sie die App gemeinsam aus, sodass die Kinder sehen können, was passiert: Der grüne Hintergrund wird durchsichtig. An der Stelle kann der jeweilige Wunschort in Form des Fotos oder Videos eingefügt werden.

Schritt 6: Vor dem Greenscreen filmen
Die Kinder filmen sich nacheinander vor dem grünen Hintergrund und führen dabei ihre zuvor festgelegte Tätigkeit (siehe Schritt 4) aus.

Schritt 7: Fotos und Videos zusammenfügen
Legen Sie die Videos der Kinder über die Videos oder Fotos der Lieblingsorte. Passen Sie die Größe und Position entsprechend dem Hintergrund an. Speichern und exportieren Sie die fertigen, kleinen Clips. Wenn Sie Zeit haben, nehmen Sie noch passende Geräusche für die kleinen Szenen auf und legen Sie diese mithilfe einer VideobearbeitungsApp als Tonspur unter die fertigen Greenscreen-Clips. Die Kinder können dabei zuschauen oder eine Pause machen.

Schritt 8: Präsentation
Präsentieren Sie die fertigen „Reisen nach Überall" in der Gruppe, vielleicht auch bei einem Elternnachmittag oder einer anderen Veranstaltung.

Reflexion

Reflektieren Sie den Prozess gemeinsam mit den Kindern, z. B. „Warum wolltest du ein Pirat oder eine Piratin sein?"

- Die Wünsche der Kinder sagen manchmal etwas über ihre aktuellen Bedürfnisse aus. Andererseits ist das Hineinschlüpfen in eine neue Rolle immer auch ein Ausprobieren. „Wie fühlt es sich an, im Weltraum zu schweben und dort zu forschen?"
- Kleine Experimente sind damit immer ein Gesprächsanlass und erschließen möglicherweise neue Themenfelder oder passen in aktuelle Themen des Kita-Alltags.
- Weisen Sie darauf hin, dass die Greenscreen-Technik in vielen Filmen eingesetzt wird, und schauen Sie sich eventuell sogar gemeinsam Ausschnitte aus Kinderfilmen an.

Kompetenzen

Diese Kompetenzen werden bei Greenscreen-Projekten gefördert

- Konzentration
- Sprachkompetenz
- technisches Verständnis
- motorische Fähigkeiten
- Abstraktionsfähigkeit
- Selbstreflexion
- Identitätsentwicklung und Persönlichkeitsbildung
- Kreativität
- Narrativität
- Selbstvertrauen in die eigenen Fähigkeiten
- Selbstwirksamkeit
- Beurteilung und Einschätzung von Medienwirkung
- Verständnis für Manipulationskraft digitaler Medien

Varianten

Fotocomic

Erzählen Sie ganze Bildergeschichten mit der Greenscreen-Technik in Form von **kleinen Fotocomics.** Nehmen dafür keine Videos auf, sondern machen Sie ausschließlich Fotos vor dem grünen Hintergrund. Die Kinder können so ihre eigenen Geschichten spielen und sich in den unterschiedlichsten Positionen fotografieren, ohne wirklich zu sehen, was gerade passiert. Bebildern Sie die Fotos mit selbst gemalten Zeichnungen, die Sie als Hintergrund verwenden, und positionieren Sie die Fotos an den entsprechenden Stellen.

Das Treffen der Fabelwesen in „Überall"

„Wen würdet ihr denn an eurem Lieblingsort gerne treffen?" – Das kann eine **Erweiterung der „Reise nach Überall"** sein. Dabei werden die Möglichkeiten der Greenscreen-App voll ausgeschöpft durch den Einbau einer dritten Ebene mit Fotos von Fabelwesen, Märchenfiguren etc. So kann eine Forschendengruppe beispielsweise auf ihrer Expedition einem Krokodil begegnen oder die Kinder treffen auf ein Einhorn im Zauberwald. Lassen Sie die Kinder diese Begegnung vor dem Greenscreen spielen.

Klitzeklein und Riesengroß

Leiten Sie diese Projektvariante mit dieser Frage ein: „Habt ihr euch schon einmal vorgestellt, wie es wäre, riesengroß oder winzig klein zu sein?" Kindern fallen dazu viele spannende Dinge ein, die Großsein und Kleinsein für sie bedeuten. Es lohnt sich, darüber gemeinsam zu sprechen. **Beim Fotografieren bestimmen Einstellung, Bildausschnitt und Entfernung die Darstellung der Größe von Objekten** (siehe S. 55). Darüber lassen sich Dinge so darstellen, dass sie riesengroß oder klitzeklein erscheinen, obwohl sie es in Wirklichkeit nicht sind. Suchen Sie im Vorfeld Bildmaterial, z. B. ein Foto von einem Sofa (normal groß), einem Marienkäfer (klein), von einem Wolkenkratzer (riesig) oder gemeinsam mit den Kindern über Kindersuchmaschinen oder auf sicheren Internetseiten Bilder, die mit einer CC-Lizenz versehen sind.

Machen Sie Fotos (oder Videos) von den Kindern vor dem Greenscreen. Legen Sie die Fotos von den Kindern über die Hintergrundbilder. Verkleinern oder vergrößern Sie die Bilder und positionieren Sie sie an einer festen Stelle vor dem Hintergrund. Kinder können dann so groß aussehen wie Wolkenkratzer oder so klein wie Marienkäfer oder

noch kleiner als der Marienkäfer oder größer als der Wolkenkratzer. Oder sie können auf der Hand einer anderen Person herumspazieren.

Größe wird dadurch erfahrbar als Kategorie, die immer nur in einem Verhältnis von Objekten (oder Personen) zueinander existiert. Kinder sind nur klein, weil es große Erwachsene gibt. Die Bedeutung von Groß und Klein als Kategorien erfahrbar zu machen, fördert in der Reflexion die Fähigkeit zu Empathie und einen Zugang zur eigenen Gefühlswelt.

Verzauberung in eine andere Welt

Eine aufwändigere Variante ist die **Verzauberung in eine andere Welt.** Dabei wird z. B. ein Urlaubsfoto, ein Bild vom Weltraum oder einer Traumwelt als Hintergrund nach der Bewegungsaufnahme eingefügt. Das Kind bleibt nach dem Stoppen der Kamera an derselben Stelle stehen. Nach dem erneuten Einschalten der Kamera spielt es dann, dass es plötzlich im Urwald oder auf dem Mond ist. Der neue Hintergrund erscheint erst nach der Bearbeitung mit der entsprechenden App oder dem Videoschnittprogramm.

Mich gibt’s doppelt

In der Greenscreen-App können Sie **dieselben Fotos der Kinder in mehrere Spuren übereinanderlegen.** Achten Sie dabei darauf, dass die Fotos nicht an derselben Stelle sind. Dadurch erhalten Sie die Verdopplung oder sogar Verdreifachung einer Person. Auch hier können Sie die **Größen der einzelnen Spuren verändern** und damit lustige Effekte erzielen. Wie begegne ich mir selbst? Dazu müsste das Bild von einer Person gespiegelt werden, sodass es wirkt, als würde eine Person sich wirklich selbst begegnen und mit sich interagieren. Das erfordert selbstverständlich eine gute Planung der Aufnahme. Spielen Sie mit kleinen Szenen und Situationen.

Reflexionsbogen zur Mediennutzung in der Familie

Welche Regeln gibt es?	Bewertung +/-	Kommentierung/ Erfahrungen
Wer stellt die Regeln auf?		
Für wen gelten die Regeln?		
Gibt es eigene Regeln für Eltern und Kinder?		
Gibt es Grenzen für die Regeln?		
Gibt es zeitliche Beschränkungen für die Dauer der Mediennutzung?		
Gibt es Unterschiede in der Bewertung der Mediennutzung abhängig von der Medienart?		
Gibt es Unterschiede zwischen Wochentagen und dem Wochenende?		
Gibt es Regelungen zur Tageszeit der Mediennutzung?		
Gibt es inhaltliche Beschränkungen? (kindgerechte Angebote, werbefreie Kanäle, Altersfreigaben)		
Müssen Kinder vor der Mediennutzung die Eltern fragen?		
Gibt es eine verabredete Sanktionierung bei Nichteinhaltung? Fernsehverbote, Medienverbote?		
Gibt es eine Begleitung bei der Mediennutzung?		
Gibt es eine gemeinschaftliche Mediennutzung?		
Werden Medien für kreative Medienerlebnisse, Medienabenteuer oder die Produktion eigener Geschichten eingesetzt, z. B. eine gemeinsame Filmproduktion, einen Geocaching-Ausflug, eine Sound-Challenge?		

Wie Kinder Medieninhalte wahrnehmen – Hinweise für Eltern

- **Kinder nehmen Medieninhalte aus der Ich-Perspektive wahr.** Medienerlebnissen, die mit den Erfahrungen aus dem Alltag zu tun haben, wird besondere Aufmerksamkeit geschenkt. Dabei vermischen sich auch Medieninhalte mit eigenen Erfahrungen.
- **Medienwahrnehmung von Kindern ist ganzheitlich.** Kinder erleben Geschichten und Figuren nicht losgelöst von der eigenen Person, d. h., sie spüren das, was in Geschichten passiert, als würde es ihnen selbst widerfahren.
- **Kinder identifizieren sich mit Medienfiguren.** Wenn diesen Figuren etwas Böses geschieht, übertragen Kinder diese Erfahrung auf sich selbst.
- **Kinder können sich nicht vom Geschehen distanzieren.** Sie sind emotional stark mit den Inhalten der Geschichten und Figuren verbunden.
- **Fiktion und Realität können Kinder noch nicht sicher unterscheiden.**
- **Komplexe Handlungsverläufe oder Erzählmuster sind Kindern im Vorschulalter noch nicht zugänglich.**
- **Spannungsbögen müssen für Kinder aushaltbar sein und schnell aufgelöst werden.** Geschichten müssen ein eindeutig gutes Ende haben.
- **Trennung und Verlust sind Themen, die für Kinder schwer zu ertragen und einzuordnen sind, sie können vielmehr starke Ängste auslösen.** – Beispiel: Verlust der eigenen Familie
- **Kinder suchen in Medien nach Antworten auf Fragen, die sie bewegen.** Kind sein – erwachsen werden, selbstständig sein – sich gegenüber Größeren behaupten, Freundschaft, Gut und Böse, Sachen zum Lachen usw.

Kinder bei der Mediennutzung begleiten – Hinweise für Eltern

Darauf sollten Eltern achten

- Medien (digitale Geräte) sind keine Spielzeuge, sondern Maschinen und Werkzeuge, die für unterschiedliche Zwecke genutzt werden.
- Medieninhalte sind für Kinder immer Geschichtenerzählende.
- Alle Medien sind für Kinder faszinierend und in ihren Möglichkeiten grenzenlos.
- Medien (Geräte wie Smartphone, Tablet oder Fernseher) sind keine Babysitter.
- Medieninhalte sollten immer gezielt ausgesucht werden und vor der Nutzung mit Kindern und der späteren selbstständigen Nutzung durch Kinder ausprobiert, angeschaut bzw. angehört werden.
- Medien sind kein Belohnungs- oder Strafsystem, kein Lock- oder Druckmittel. Medien sollten nicht als Erziehungsinstrument eingesetzt werden. Dadurch erhöht sich der Stellenwert von Medien zu etwas Besonderem, was sie nicht sind.
- Medien dürfen Kinder nicht ruhigstellen.
- Eltern müssen Grenzen setzen – inhaltlich und zeitlich.

Tipps für Eltern für die Auswahl von Medieninhalten

Kinder brauchen bei der Nutzung von Medien Begleitung und Unterstützung durch vertraute Personen, z. B. Familienmitglieder. Wenn Fragen entstehen, können vertraute Erwachsene sie direkt beantworten und den Kindern die Gewissheit geben, den Medienerlebnissen nicht ungeschützt und damit ausgeliefert zu sein. Zur Einordnung von Werten und Verhaltensweisen brauchen Kinder Erwachsene als Vorbilder, die ihnen helfen, das in Medien Erlebte zu verarbeiten und in die Realität einzuordnen.

- **Medieninhalte dürfen nicht überfordern,** sondern sollen Neugier und Lust wecken und Spaß machen.
- **Eltern müssen Verantwortung übernehmen** – Kinder können nicht entscheiden, was gut und nicht gut für sie ist.
- **Medieninhalte müssen altersgerecht sein** und Inhalte, Symbole und Dinge enthalten, die die Kinder bereits aus ihrer Umwelt und der eigenen Erfahrung kennen.
- **Kurze Geschichten, klare Struktur und Sprache** sind wichtig.
- **Geschichten müssen gut aussehen.**
- **Figuren sollten kindlich sein und neugierig machen** – Tierfiguren, Fantasiewesen, die besondere Fähigkeiten haben und besonders aussehen.
- **Das erzählte Verhalten sollte soziales Miteinander fördern,** helfen und Mut machen als zentrale Elemente haben.
- **Figuren und Geschichten sollten die Kreativität und Fantasie anregen** und animieren, selbst aktiv zu werden und die eigene Umwelt weiter zu entdecken.
- **Unbedingt vermeiden:** Dinge, die Angst machen, bedrohliche Musik und Geräusche, Gewalt gegen Menschen und Tiere

Storyboard

	Inhalt	Text/Geräusche/Musik	Dauer/Kameraeinstellung
Szene 1			
Szene 2			
Szene 3			
Szene 4			
Szene 5			
Szene 6			
Szene 7			
Szene 8			
Szene 9			
Szene 10			

Beispiel für ein gefülltes Storyboard

	Inhalt	Text/Geräusche/Musik	Dauer/Kameraeinstellung
Szene 1	Figuren stehen herum	lustige Musik Unterhaltung	10 Sekunden - Totale
Szene 2	Dino kommt ins Bild Figuren rennen weg	spannende Musik Dinogebrüll	15 Sekunden - Halbtotale
Szene 3			

Einverständniserklärung

Name der Einrichtung: ....

Adresse: ....

Datum: ....

Bitte um Einwilligung zur Verarbeitung und Veröffentlichung von Foto-, Video- und Tonaufnahmen Ihres Kindes

Liebe Eltern, liebe Erziehungsberechtigte,

im Rahmen des Medienprojekts .... lernen die Kinder, wie digitale Filme/Fotos/Hörgeschichten gemacht werden. Dabei liegt der Schwerpunkt unserer Arbeit darauf, den Kindern die Möglichkeit zu geben, ein eigenes digitales Projekt umzusetzen. Dazu produzieren die Kinder selbst eigene Videos, Fotos und Töne. Die Kinder stehen dabei vor und hinter der Kamera, arbeiten mit einem Mikrofon sowie mit Foto-Apps. Sie denken sich eigene mediale Geschichten aus und setzen sie mit Unterstützung der pädagogischen Fachkräfte um. Die entstandenen Filme/Videos/Hörgeschichten werden Ihnen abschließend im Rahmen eines Eltern-Kind-Nachmittags präsentiert.
Die entstandenen digitalen Produkte werden im digitalen Portfolio der Kinder gespeichert und die Kinder erhalten als Erinnerung jeweils eine Kopie der Ergebnisse.

Einwilligung Foto/Video/Tonaufzeichnung

Name des Kindes: ....

Ich bin damit einverstanden, dass im Rahmen des Medienprojekts

....

- ☐ Foto-/Video-/Tonaufnahmen von meinem Kind gemacht werden.

Ich bin damit einverstanden, dass

- ☐ Foto-/Video-/Tonaufnahmen meines Kindes aus dem Medienprojekt bei einrichtungsinternen Veranstaltungen präsentiert werden.
- ☐ Foto-/Video-/Tonaufnahmen meines Kindes aus dem Medienprojekt im digitalen Portfolio gespeichert werden.
- ☐ Foto-/Video-/Tonaufnahmen meines Kindes aus dem Medienprojekt an die Eltern der Gruppe meines Kindes weitergegeben werden.
- ☐ Foto-/Video-/Tonaufnahmen meines Kindes aus dem Medienprojekt auf der Website der Einrichtung veröffentlich werden.

....

Ort, Datum *Unterschrift des*der Erziehungsberechtigten*

Links, Links, Links

Hilfreiche Webseiten für die pädagogische Arbeit

Auf den Webseiten der folgenden Anbieter und Institutionen finden Sie hilfreiche Tipps und Informationen zu Medien-Themen:

- Toolbox jff – Tipps und Links für pädagogische Arbeit mit digitalen Medien
- Klicksafe Pädagogenbereich Apps – alles rund um digitale Medien
- Klicksafe für Kinder – alles rund um digitale Medien für Kinder
- fragFINN – Suchmaschine für Kinder
- Blinde Kuh – Suchmaschine für Kinder
- Klick Tipps – Internet-Tipps für Kinder, Eltern, pädagogische Fachkräfte
- Internet ABC – Informationen für den sicheren Umgang mit dem Internet
- Seitenstark – tolle und sichere Internetseiten für Kinder
- Flimmo – Tipps zum aktuellen Fernsehprogramm und zur Fernseherziehung
- iRights – Urheberrechte im Internet, kreatives Schaffen, Rechte im Netz
- Jugendschutz.net – Jugendschutz im Internet, Infos zu Rechtsextremismus, Islamismus etc.
- SCHAU HIN! – Initiative der Bundesregierung BMFFSJ, des öffentlich-rechtlichen Rundfunks und von „TV-Spielfilm“ für Eltern
- Gutes Aufwachsen mit Medien – Initiativbüro mit Informationen für Erwachsene
- Gutes Aufwachsen Kindermedien Apps – Datenbank für Kinder-Apps
- Elternguide online – Infos und Tipps für die Mediennutzung von Kindern für Eltern
- Saferinternet Privatsphäre – Privatsphäre-Einstellungen in sozialen Netzwerken schrittweise erklärt
- Zentralinstitut BR – Internationales Zentralinstitut für das Jugend- und Bildungsfernsehen vom BR
- Stiftung Medienpädagogik – Materialien der Bayerischen Landeszentrale für neue Medien BLM zur medienpädagogischen Arbeit mit Kindern
- Ran an Maus und Tablet – medienpädagogische Arbeit mit Kindern in Kita und Grundschule der Medienanstalt Hessen LPR

Musik, Töne und Abbildungen zur freien Verwendung

Auf den Webseiten der folgenden Anbieter finden Sie Musikstücke, Geräusche o. Ä., die Sie für Ihre Produktionen verwenden können. Bitte prüfen Sie im Einzelfall dennoch die jeweiligen Nutzungsbedingungen und beachten Sie ggf. das Recht am eigenen Bild.

- Creative Commons (siehe auch S. 42)
- Soundcloud – auch GEMA-freie Stücke
- Jamendo – Onlinemusikdienst mit GEMA-freien Stücken
- Hörspielbox – Archiv für Atmosphären, Geräusche, Laute, Instrumente, frei nutzbar für nicht kommerzielle Zwecke
- Auditorix – Auswahl an Melodien und Geräuschen, die im nicht kommerziellen Bildungsbereich kostenfrei genutzt werden können
- Pixabay – Auswahl an Bildern und Videos frei von Urheberrechten
- Freeimages – Plattform mit Fotos für eine kostenfreie Nutzung
- Wikimedia Commons – Sammlung frei verwendbarer Mediendaten

Literatur – eine Auswahl

Baacke, Dieter
Medienpädagogik. Grundlagen der Medienkommunikation Band 1.
Herausgegeben von Erich Straßner
De Gruyter, 1997
ISBN 978-3-484-37101-9

Deutsches Kinder- und Jugendfilmzentrum Remscheid (Hrsg.)
ZS medienconcret. Magazin für die pädagogische Praxis. Erziehen in digitalen Zeiten.
jfc Medienzentrum Köln:
Heft 1.19 November 2019
ISSN 0931-9808

Erikson, Erik H.
Identität und Lebenszyklus.
Suhrkamp Verlag, 1973
ISBN 3-518-27616-6

Feibel, Thomas
Jetzt pack doch mal das Handy weg! Wie wir unsere Kinder von der digitalen Sucht befreien.
Ullstein Buchverlage GmbH: Berlin, 2018
ISBN 978-3-548-37719-3

Gonsch, Verena
Digitale Intelligenz. Warum die Generation Smartphone kein Problem, sondern unsere Rettung ist.
Bastei Lübbe, 2017
ISBN 978-3-404-60979-6

Haeusler, Tanja & Johnny:
Netzgemüse. Aufzucht und Pflege der Generation Internet.
Wilhelm Goldmann Verlag, 2012
ISBN 978-3-442-15743-3

Hurrelmann, Klaus
Einführung in die Sozialisationstheorie.
Beltz Verlag, 2002
ISBN 3-407-25271-4

Neuß, Norbert
Kinder & Medien. Was Erwachsene wissen sollten.
Kallmeyer/Klett, 2012
ISBN 978-3-7800-4901-8

Piaget, Jean:
Das Weltbild des Kindes.
Dtv Verlagsgesellschaft, 2005
ISBN 3-12-926321-7

Rösch, Eike; Demmler, Kathrin; Jäcklein-Kreis, Elisabeth; Albers-Heinemann, Tobias (Hrsg):
Medienpädagogik Praxis Handbuch. Grundlagen, Anregungen, Konzepte für aktive Medienarbeit.
Kopaed: München 2012
ISBN 978-3-86736-279-5

Rymeš, Robert; Walter, Roland; Iberer, Ulrich
Datenschutz beim Einsatz digitaler Medien in der Grundschule
Herausgegeben vom Projekt „Digitales Lernen Grundschule Stuttgart/Ludwigsburg". Download der Broschüre als PDF:
https://www.ph-ludwigsburg.de/20840.html

Theunert, Helga (Hrsg.):
Medienkinder von Geburt an. Medienaneignung in den ersten sechs Lebensjahren.
Kopaed: München 2007.
ISBN 987-3-86736-007-4

Tillmann, Angela; Fleischer, Sandra; Hugger, Kai-Uwe (Hrsg.)
Handbuch Kinder und Medien.
VS Verlag für Sozialwissenschaften
Springer-Fachmedien, 2014
ISBN 978-3-531-18263-6

Autorin und Autor

Cordula Kahl ist festangestellte Medienpädagogin beim Institut für Medienpädagogik und Kommunikation MuK Hessen mit dem Schwerpunkt Kindheit und Medien. Als Bildungsreferentin entwickelt sie Formate für die medienpädagogische Arbeit mit Kindern sowie für Pädagogisches Fachpersonal in Kindertagesstätten und Grundschulen. In ihrer Freizeit moderiert sie ihre eigene Sendung bei dem NKL Radio Darmstadt zu Themen der digitalen Medienbildung und gibt Workshops im Bereich Coding für Kinder und Jugendliche mit Migrationshintergrund.

Jan Rathje ist selbstständiger Medienpädagoge und Multiplikator für den Hessischen Bildungsplan (BEP). Er hält Vorträge und leitet Fortbildungen rund um das Thema „Neue Medien". Außerdem illustriert er regelmäßig für Kinderzeitschriften, veröffentlicht Kindersoftware und hat die Akademie für Kindermedien erfolgreich abgeschlossen.